사랑의 모양

창작희곡

사랑의 모양

Shape of Love

황소연 지음

좋은땅

한 남자를 향한 두 여자의 서로 다른 모양의

사랑과 우정 사이에서 갈등하는 로맨스 스토리

차례

0.1초, 첫눈에 사랑에 빠지는 시간! 우리는 그것을 운명이라 부른다. 여기 운명적인 사랑을 기다리는 세 남녀가 있다. 사랑 앞에서 항상 용기가 부족한 대학교 심리학과 강사 이지혜, 사랑은 쟁취하는 자의 것이라 믿는 성형외과 병원 간호사 신수란, 사람을 사랑하는 것보다 더 아름다운 것은 없다고 생각하는 정신과 의대생 장필승. 한 남자를 향한 두 여자의 서로 다른 모양의 사랑과 우정 사이에서 갈등하며, 운명을 넘어 숙명의 로맨스를 이어 가는 이들의 이야기는 점점 복잡하게 얽힌다. 과연 이 세 사람은 운명 앞에서 어떤 선택을 할 것인가? 사랑의 시작과 끝을 예측할 수 없는 미로 속에서, 그들은 운명을 넘어 숙명적인 사랑을 찾기 위한 여정을 계속한다.

- ◆ 나오는 사람들

이지혜 37세, 대학교 심리학과 강사, JH 제약회사 회장 이
　지호와 기사랑의 첫째 딸
신수란 37세, 모양 성형외과 병원 간호사·상담실장, 신대
　수와 이정란의 외동딸
장필승 35세, 정신건강의학과 의대생, 장승리의 남동생
장승리 41세, 모양 성형외과 병원 의사, 장필승의 누나
홍유리 34세, 모양 성형외과 병원 간호조무사
진태양 65세, TH 제약회사 회장
신대수 59세, 신수란의 아버지이자 이정란 남편, 무직
마담 45세, 트랜스젠더
라디오 아나운서
뉴스 아나운서
변호사
남자
검사

제1막

제1장
사랑은… 마음 vs 수단

(무대의 바닥은 흰색이고 배경은 검은색이다. 메인 무대는 모양 성형외과 병원을 배경으로 하고, 빔프로젝터는 무대 배경이나 장면전환으로 활용된다. 성형외과의 데스크는 강의실의 책상, 지혜 방의 책상, 수란 방의 테이블로, 감각적으로 보이는 의자는 성형외과, 강의실, 지혜 방, 수란 방에서 다용도로 활용된다. 무대의 어두운 상태에서 지혜가 출석을 부르면 학생들이 답한다. 조명이 서서히 밝아지면 무대 배경에 대학 강의실과 학생들의 영상이 보인다. 교단 위에 서 있는 지혜는 정장을 입고 안경을 쓰고 있다. 얼굴에 미소가 없어 풍기는 이미지가 냉정하고 차갑게 느껴진다. 마지막으로 의예과 장필승을 부르고 대답이 없자 넘어간다. 이때 찢어진 청바지, 염색한 머리, 한쪽 어깨에 가방을 멘 필승이 콧노래를 부르면서 등장한다.)

장필승 (이마에 손을 대며) 장-필승입니다!

이지혜 (단호한 어투로) 지각!

장필승 지각이라니요? 출석 부르는 중간에 왔는…

이지혜 출석 부르는 것부터 수업 시작입니다.

장필승 출석은 학생들의 출결 상황을 확인하는 거 아닌 가요?

이지혜 네, 그 출결 상황에 학생이 대답하면 선생의 수업 이 시작되는 거죠. 출석은 수업 시작의 약속입니다.

장필승 그럼, 제가 그 약속을 어겼다는 말씀이신거죠? 심 리학 교수님이니까 사람의 심리를 누구보다 잘 이해하 실 거라 믿고 수강 신청했는데…. 교수로서 학생이 늦으 면 왜 늦었는지 이유부터 물어보는 게 우선 아닐까요?

이지혜 약속은 미리 정한 내용입니다. 일종의 규칙인 거 죠. 규칙을 어기고 설명하는 건 변명 아닐까요? 의학 전 공자니까 제 말 무슨 뜻인지 충분히 이해할 텐데요. 그 리고 참고로 저 아직 강사입니다. 그냥 선생님이라고 불러 주세요.

장필승 (어이없는 표정으로 자리에 앉는다.) ….

(무대 배경에 '두려움은 반응이고 용기는 결심이다' 문장이 보 인다.)

이지혜 자, 첫 강의 주제입니다. 두려움은 반응이고, 용기 는 결심이다. 인간은 매 순간 두려움을 느끼는 불완전한 존재죠. 죽음은 인간에게 두렵고 무서운 존재입니다. 누구도 죽음을 환영하지는 않으니까요.

파울로 코엘료의 『베로니카, 죽기로 결심하다』라는 책 제목처럼 죽음에도 용기가 필요한 법입니다. 죽고 싶은 정도로 너무 힘들 때 차라리 그 힘듦을 사랑해 버리면 상황은 달라집니다. 이쯤에서 반문하는 학생 있겠지요. 뭐지? 그럼 강아지라는 거야? 고양이라는 거야?

장필승 고양이 같은 강아지, 강아지 같은 고양이도 있는 법. 철학자 에리히 프롬이 말했듯 우리는 각자 삶을 사랑할 자유가 있습니다. 사랑이 수단이 아니라 목적이 될 때, 기꺼이 죽을 수 있는 용기도 생기지 않을까요? 선생님은 누군가를 죽을 만큼 사랑해 보신 적 있나요?

이지혜 강의 시간에 사적인 질문은 금합니다. 주제와 관련된 내용으로 발언하세요.

장필승 첫 강의 주제에 대한 연장선상으로 필요한 질의라 생각되어 여쭤본 건데요. 말씀하시기 곤란하시면 제가 답하죠. 사랑할 땐 누군가를 위해 기꺼이 죽을 수 있는 용기가 필요하다고 생각해요.

이지혜 죽을 수 있는 용기가 없다면 사랑할 자격도 없는 걸까요? 그건 학생 본인의 개인적인 가치관이고요. 사람마다 사랑의 방식이 다르니까요.

장필승 그래서 여쭤본 거예요. 선생님께서 사랑하는 방식은 어떠신가 해서요.

이지혜 이번 학기 기말 과제가 소논문 작성인데, 장필승 학생이 그 주제에 대해 작성해 보면 어떨까요? 사랑의 방식!

장필승 그게 주제라면 전 A+ 받을 자신 있습니다.

이지혜 정말이죠?

장필승 (이마에 손을 대며) 저 장-필승 입니다!

(조명이 어두워지면 변기통 물 내려가는 소리에이어 수돗물 나오는 소리가 계속된다. 소리가 멈추고 수란의 입덧하는 소리가 반복된다. 조명이 켜지면, 무대 배경에는 수란의 방이 보인다. 창밖은 어둡고 벽시계는 이미 새벽 1시 50분을 가리키고 있다. 빨간색 립스틱, 가슴골이 파인 검은색 짧은 원피스를 입고 임신 테스트기를 쳐다본다. 태양에게 전화를 하고 카톡을 보내는데 술집에서 만난 남자들에게서 번갈아 가며 카톡과 전화가 온다.)

신수란 (버럭 화내며) 짜증 나니까 전화하지 말라고. A급 짝퉁 가방이나 주는 찌질한 새끼. 가위로 잘게 잘라서 쓰레기통에 던져 버렸으니까 주워서 붙여 메고 다니든가 말든가.

(수란이 일방적으로 전화를 끊자마자 카톡 알림 소리가 난다.)

신수란 이 양아치는 허구한 날 술 처먹으면 발정난 수캐
 라니까…. 발 닦고 잠이나 처자라.

(다시 태양에게 전화하지만, 연결음만 이어지고 받지 않는다.)

신수란 (짜증 내며) 전화 받으라고! 받아! 제발 좀!

(갑자기 연결음 사라지면서 무대 한 공간에 핀 조명 보인다.
빔프로젝터에서 태양이 술 먹고 혀 꼬인 목소리로 핸드폰을
받는 모습이 보인다.)

진태양 (귀찮은 말투로) 야야, 100만 원 준다잖아. 알아서
 지우라니까!
신수란 (고함치며) 100억 내놔! 이 사기꾼아!
진태양 미친년.

('뚝', 수란은 끊어진 수화기를 붙잡고 소리 지른다. 태양은 계
속 술을 마신다.)

신수란 진태양! 돈 안 주겠다 이거지? 네가 탈세한 거 신
 고할 거야. 여기 녹음본이 있을 텐데…. (핸드폰을 뒤적
 거리다가) 여기 있다!

(수란은 녹음본을 손에 꼭 쥐고, 무언가 결심한 듯 무대 밖으로 잠시 퇴장한다. 뉴스 아나운서가 빔프로젝터에 등장하고, JH 제약회사 이지호 회장의 투신자살과 회사매각, 가족들 소식을 전달한다.)

뉴스 아나운서 다국적 제약회사인 JH 그룹 이지호 회장의 투신자살 소식을 전합니다. 경찰에 의하면 이지호 회장이 20층 회사 건물 옥상에서 몸을 던져 자살했고, 이 회장의 가족들을 조사한 결과 유서는 발견되지 않았습니다.

하지만 국내 굴지의 제약기업 회장의 죽음 이후 불법 자금 세탁과 비자금 메모가 발견되어 국민들에게 큰 충격을 안겨 주고 있습니다.

(잠시 후 배경이 고등학교 1학년 복도로 전환되면서 교복 입고 책 보면서 걷고 있는 고등학생 지혜가 무대에 등장한다. 오른쪽 머리에 흰머리 핀이 꽂혀 있다. 무대 반대편에서 고등학생 수란이 아빠 대수와 통화를 하면서 등장한다. 지혜와 수란은 서로 보지 못하고 걷고 있다.)

신수란 자기 발로 집 나간 사람을 내가 무슨 수로 찾냐고. 막말로 엄마가 죽든 말든 나랑 상관없어. 그리고 엄마

빚을 내가 왜 갚아? (걷다가 잠시 멈춘다.) 몸 팔아서 돈 벌어 오라는 소리, 그만 좀 해. 그게 딸한테 할 소리야? 이정란 배 속에서 태어난 내가 미친년이지.

(수란은 화가 나서 전화를 끊고 핸드폰을 던지려는데 지혜와 부딪힌다. 지혜의 책과 지갑이 바닥에 떨어진다. 빔프로젝터의 배경이 교실로 전환된다. 지혜는 책만 줍고 다시 책보며 걷다가 무대에 마련된 책상과 의자로 가서 앉는다. 수란은 주위를 살펴보고 땅에 떨어진 지갑을 열어본다. 지폐 만 원 한 장과 가족사진이 있다. 가족사진에 낯익은 얼굴, 이지호 회장 그리고 웃고 있는 이지혜.)

신수란 JH 이지호 회장, 딸?

(수란은 놀란 듯 손으로 입을 틀어막는다. 돈과 가족사진을 주머니에 넣고 무대 밖으로 지갑은 던져 버린다. 수란은 지혜가 이 회장의 딸임을 직감하고 다가가 말을 건다.)

신수란 (의자에 앉으며) 우리 반에 전학생 온다더니…. 너구나! 이름이 뭐야?
이지혜 (문제집을 풀면서) 이지혜.
신수란 음, 범생이네. 난 날라리니까 너랑 공부로 경쟁할

일은 없을 거야. (지혜에게 손을 내민다.) 난 신수란. 잘
지내보자!

이지혜   (고개를 들고 수란을 쳐다본다) 응, 그래. (수란의 손
을 잡는다. 다시 문제집을 푼다.)

신수란   이거 어디서 샀어? 예쁘다.

이지혜   (수란의 손에 샤프 쥐여 주며) 가져, 선물이야!

(무대 위, 어둠 속에서 수란과 유리의 대화가 시작된다.)

신수란(E)   흠…. 어떤 선물이 좋을까?

홍유리(E)   취직선물이니까, 만년필 어때요? 친구 분이 교
수라면서요.

신수란(E)   오, 좋다. 만년필에 이름까지 새겨 줘야겠어. 내
가 돈 줄 테니까 준비 좀 해줄래?

홍유리(E)   실장님, 팁 주실 거죠? (놀라며) 대박, 팁만 10만
원이라니….

신수란(E)   이십 년 지기 친구 선물이니까, 신경 좀 써 줘.
선물은 내일모레 이 주소로 보내줘요.

(서서히 조명이 밝아지면 키보드 두드리는 소리와 함께 빔프
로젝터에서는 지혜 방이 보인다. 편안한 옷차림을 하고 탁자
에 앉아 노트북으로 일하는 중이다. 벽시계는 저녁 9시를 가리

키고 있다. 갑자기 현관문 비밀번호 누르는 소리가 울린다.)

이지혜 (키보드를 두드리며) 누구세요?

신수란 나야.

이지혜 수란이? 야, 놀랐잖아. 이 시간에 말도 없이 웬일
이야.

신수란 나 말고 비번 아는 사람이 누가 또 있어? 수상해.
선생님, 혹시 애인 생기셨어요?

이지혜 (다시 키보드를 두드리며) 신수란 학생, 쓸데없는
소리 할 거면 너희 집으로 가세요.

신수란 오늘은 미래의 교수님 집에서 잘 거예요.

이지혜 집세는 내고 주무세요!

(초인종 누르는 소리가 난다.)

이지혜 누구세요?

(문밖에서 택배기사 목소리가 들린다.)

택배기사(E) 택배요!

이지혜 (무대 밖으로 나가며) 택배 보낼 사람이 없는데….
(무대 안으로 택배 상자 들고 어이없는 웃음을 짓고 등장한

다.) 신수란 학생!

신수란 선생님, 취직선물입니다! 상자를 열어 보세요.

이지혜 (커터칼로 상자를 연다.) 만년필? (만년필에 새겨진 문구를 보며) 지혜로운 이지혜.

신수란 열일곱 살 때 네가 준 샤프, 서른일곱 살이 된 지금에서야 갚는다. 집세 이걸로 대신하는 거야.

이지혜 (수란에게 안기려는데) 고마워.

신수란 (피하며) 난 남자랑만 포옹해.

이지혜 (남자 목소리 내며 적극적으로 달려든다.) 수란 씨, 사랑해요.

신수란 이렇게 적극적으로 다가오시면, 제가 안겨 드리지요. (지혜 품에 안긴다.)

(서로 안고 있으면서 장난치고 웃음소리는 점점 커진다. 갑자기 수란의 배에서 꼬르륵 소리가 난다.)

이지혜 너 저녁 안 먹었어? 지금까지 뭐 했는데?

신수란 ….

이지혜 또 다이어트 하는구나! 몸 상해, 좀 먹으면서 빼라. 오늘 하루만 치팅데이 해. 취직기념으로 이 언니가 치킨에 맥주 쏜다. (핸드폰에서 배달 앱 검색한다.)

신수란 나 술 끊었어. 너는 술 한 모금도 못 마시는 애가

무슨 술을 먹겠다는 거야? 아빠 빚 갚으려면 그 돈으로
저축해.

이지혜 음료수 먹으면 되지. 그리고 너 치킨 사줄 돈은
있으니까 걱정하지 마세요.

신수란 아까 점심 먹은 게 체했나 봐. 속이 더부룩해.

이지혜 죽 먹고 약 먹어야겠어. 잠깐만, 기다려봐.

신수란 안 먹어도 돼.

이지혜 야채죽으로 시켜야지.

신수란 안 먹는다니까.

(갑자기 입덧이 나오는지 입에 손을 대고 화장실로 간다. 수란
을 못 보고 지혜는 주문하려는데 엄마한테 전화 온다.)

이지혜 기사랑 여사님! 응, 엄마. 수란이 놀러 와서 수다
떨고 있었어. 취직했다고 만년필 선물 준 거 있지? (화장
실에서 구역질하는 소리가 들린다.) 어머, 쟤 소화 안 된다
더니 토하네. 이따 전화할게. (전화 끊으며) 야, 괜찮아?

('쏴', 변기물 내리는 소리에 이어 수돗물 나오는 소리가 들린
다. 지혜는 약통에서 소화제를 찾고 물을 가져온다. 수란, 다시
무대로 등장한다.)

이지혜 뭘 먹었길래 그래? 토할 정도면 심하게 체했네.
　여기 소화제 먹어.

신수란 아니야.

(지혜는 수란에게 억지로 약 먹이려다가 물컵을 쏟는다.)

이지혜 어머, 미안해.

신수란 (티슈로 물을 닦으며) 약 안 먹어도 돼. 게워 냈더니
　시원해졌어. 요즘 병원 일이 바빠서 식사도 제때 못하고
　예민해서 그래.

이지혜 진짜 괜찮은 거지? 일도 좋고 돈 버는 것도 좋지
　만, 식사도 잘 챙겨 먹어. 다, 먹자고 하는 일인데…. 네
　가 고등학교 1학년 때 물어봤잖아. 기억나? 아빠 빚 청
　산하면 뭐하고 싶냐고. 그땐 자존심 때문에 대답 못 했
　는데….
　사실 배 터지도록 고기가 너무 먹고 싶었거든. 내 인생
　에서 돈은 벌수록 소멸되지만, 지식은 축적할수록 더 많
　이 창출된다고 믿었어. 전액 장학금 받으면서 대학교
　다니고, 졸업하고 지금까지 미친 듯이 레스토랑 알바,
　PC방 알바, 과외 알바, 학원 강의하면서 이것만 생각했
　어. 배부른 돼지보다 배고픈 소크라테스가 낫다. 다시
　배고픈 소크라테스가 되더라도 매일 치킨 파티할 거야.

딱 100일만 기다려!

신수란 뭐야? 100일 후면 빚 청산인 거야?

이지혜 고지가 눈앞에 있다.

신수란 야, 돼지가 비웃겠다. 시시하게 치킨 파티가 뭐냐? 꿈에 그리던 대학 강단에도 섰겠다. 나 같으면 결혼정보 업체 가입해서 선보러 다니면서 한우 파티나, 스테이크를 썰겠다.

이지혜 너 술 안 먹고 맨정신에 그런 헛소리할 거면 그냥 자라.

신수란 그게 왜 헛소리야? 넌 연애도 안 해? 심리학 가르치는 얘가, 가만 보면 용기가 없어. 사랑도 용기가 필요한 거야.

이지혜 그거 내 첫 강의 주제였다. (파워풀한 댄스와 호소력 있는 목소리로 노래한다.) 사랑 같은 소리 따윈 집어쳐. 오늘 밤은 삐딱하게.[1]

신수란 (지혜를 향해 다가가며 신나게 어깨를 들썩인다.) 왜들 그리 다운돼 있어. 뭐가 문제야 say something.[2]

1) 대한민국 가수 지드래곤(G-DRAGON)의 노래 '삐딱하게'에서 클라이맥스(climax)로, 여기서 '삐딱함'은 자신만의 방식으로 세상을 바라보는 사고와 관점을 상징한다. 지혜는 이 가사를 통해 사랑에 대한 자신의 감정을 솔직하게 표현하고 있다. G-DRAGON, 〈삐딱하게(Crooked)〉, 쿠데타(COUP D'ETAT), 2013, YG Entertainment.

2) 대한민국 가수 지코(ZICO)의 '아무노래'라는 노래 가사 중 일부를 참고하였고, 재미있는 가사와 중독성 있는 멜로디가 돋보인다. 수란은 이 가사를 통해 지혜의 용기 없는 태도를 대변하고 있다. ZICO, 〈아무노래〉, 아무

이지혜 아직은 누군가를 사랑하는 게 두려운가 봐. 용기
생길 때까지 기다려야겠어.

신수란 백날 기다려 봐야 소용없어. 용감한 여자들은 침
발라 양념 발라서 괜찮은 남자 다 채 가지. 난 능력 있
는 남자 만나면 물불 안 가리고 낚아챌 거야! 나한테 사
랑은 수단이니까!

이지혜 수란이는 슈퍼우먼이니까 슈퍼맨 낚아채겠지.
횡-.

(슈퍼맨 흉내 내며 노트북 있는 탁자로 가서 키보드를 다시 두
드린다. 수란의 핸드폰에서 카톡 알림 소리가 울린다.)

이지혜 (혀 짧은 소리로) 슈퍼맨한테 카톡왔송.

신수란 (카톡을 보고 표정이 굳어진다.)

이지혜 어서 슈퍼맨의 정체를 밝히지 못할까!

신수란 아빠가 파리에서 사업한 거 잘 됐다고, 돈 보냈
대. 얼마 전에 엄마도 그림 그린 거 고가에 팔려서 용돈
주셨는데….

이지혜 우리 수란이 낚아채는 슈퍼맨은 땡잡은 거야. 얼
굴 예쁘지, 몸매 죽이지, 커리어 우먼이지, 부모님도 잘
나가시지. 최고의 신붓감이야! 그런데 얼마 주셨어?

노래, 2020, KOZ Entertainment.

신수란 100억.

(지혜는 키보드를 두들기다 멈추고, 잠시 수란을 쳐다본다.
Carol Kidd의 〈When I Dream〉[3]이 흐르면서 무대 서서히 암
전된다.)

3) Kidd, C., 〈When I Dream〉, All My Tomorrows, 1985, Linn Records.

제2장

사랑의 방정식

(무대가 밝아지면, 유리와 수란의 대화가 들릴 정도로 Carol Kidd의 〈When I Dream〉이 잔잔하게 흐른다. 빔프로젝터에는 '모양 성형외과'의 병원 건물이 보이고, 무대 위에는 병원 내부의 데스크에서 유리와 수란이 병원 유니폼을 입고 대화하고 있다. 수란은 계산기를 두들기고 유리는 수란의 설명을 차트에 받아 적고 있다. 음악이 작아지면 수란이 말한다.)

신수란 쌍꺼풀 매몰은 150만 원, 쌍꺼풀 절개는 250만 원, 앞트임 뒤트임 모두 120만 원, 귀족은 100만 원, 콧대 플러스 코끝은 325만 원, 콧볼 축소는 180만 원, 사각턱은 550마…. 아니 10만 원 더해 600, 옆 광대는 350씩 이 곱하기 700, 가슴은 최소절개로 한쪽 400씩 해서 양쪽 800, VIP 고객 서비스는 아이피엘이나 보톡스 그리고 필러 정도?

이래 봬도 강남 한복판에 있는 성형외관데, 평균 수술비보단 높게 책정해야 하지 않겠어요? 비용은 다 실장의 권한이니까, 매뉴얼 정리해서 금일 중으로 원장님께 보고드릴까 해요.

홍유리 실장님, 좋아요. 이번에 성형외과 앱에 등록하면서 예약이 세 배로 뛴 것 같아요. 특히, 가슴 성형이요. (가슴에 손대며) 하기야 우리 장 원장님이 모양 하나는 기가 막히게 뽑아내니까. 그래서 이번 달 매출 1억 5천 넘게 찍을 것 같던데…. 혹시 실장님이 원장님께 보고 하실 때 제 월급 보너스 좀 어떻게 안 될까요?

신수란 (미소 지으며) 오늘 유리 씨 근무하는 거 봐서요.

홍유리 (애교를 피운다.) 실장님, 해 주세요. 네네? 아, 맞다. 친구 분은 선물 잘 받으셨대요?

신수란 친구가 너무….

(성형외과로 필승이 정장 차림으로 과일 바구니를 들고 등장하여 데스크 앞으로 간다.)

홍유리 저희 병원 처음이신가요? 그럼, 여기 개인정보 작성해….

장필승 장승리 원장님 동생인데요. 이 과일 바구니 좀 전해 주세요.

신수란 안녕하세요. 처음 뵙겠습니다. 모양 성형외과 실장 신수란입니다. 음, 원장님 모시고 5년 동안 근무하면

서 이렇게 멋진 남동생분 있다는 소리는 금시초문이었
는데….

(갑자기 병원 전화벨 소리 울리고 유리가 받는다.)

홍유리   네, 원장님. 지금 도착하셨어요. 네, 알겠습니다.
(전화 끊는다.) 원장님께서 동생분 모시고 들어오라고
하셔서요. 제가 원장실로 안내할게요. 이쪽으로 오시겠
어요?

장필승   (수란을 향해) 내가 꿈을 꿀 때, 당신을 꿈꿔요. 노
래 가사 좋은데요?

(필승은 유리를 따라 무대 왼쪽 밖으로 퇴장하면 수란은 과일
바구니를 들다가 입덧한다. 과일 바구니가 떨어지면서 바닥에
여기저기 뒹군다. 입덧 소리가 원장실에 들리지 않도록 입에
손을 꼭 틀어막고 애쓴다. 더는 안 되겠는지 화장실로 간다. 무
대 밖으로 퇴장하는 유리. 이때, 무대 밖에서 필승, 의사 가운
입은 승리, 유리가 서로 대화를 나누면서 무대 안으로 다시 등
장한다. 유리는 데스크로 돌아가려는데 바닥에 여기저기 과일
이 떨어져 있는 것을 보고 줍기 시작한다.)

장승리   학생으로 네가 한 말과 행동 모두 잘못된 거야. 내

동생이지만 가끔 너 도발적일 때 있어. 아무리 심리학 교수님이라도 교수이기 전에 사람인데, 지각한 학생이 출석 체크해달라고 우기고 수업 중에 질문한 내용에 사랑한 적 있냐는 둥 또 학기 말 소논문 A+ 자신 있다고 말대꾸하는 것도…. 학생으로 모두 예의 없는 태도잖아. 첫 강의부터 최악의 학생을 만난 그 교수님이 얼마나 속상하실지는 생각 안 해 봤어? 조기 졸업 대상자면 뭐 해? 정신과 의사 된다고, 이렇게 쫙 빼입고 병원 면접 보러 다니면 뭐하냐? 생각은 짧고 용기만 가득한 네가 의사 되면, 의학계는 복덩어리가 아니라 골칫덩어리가 데굴데굴 데구루루 여기저기 굴러다니는 거야.

장필승 (진지하게) 있잖아, 누나 문제가 뭔지 알아? 아버지랑 뇌 구조가 같다는 거. 우리 가족들은…. 장필승 일에 심각하게 객관적이어서 문제야. 어떻게 내 편이 한 명도 없냐고!

장승리 (필승 얼굴에 검지로 손짓하며) 내가 그 교수였으면 넌… 이미 F야!

장필승 (누나의 검지를 잡고) 그 여자 교수 아니라니까! 나는 세상 하나뿐인 내 편, 내 여자가 내 눈앞에 짜-잔하고 나타나면!

장승리 나타나면?

장필승 바로 결혼한다. 숙명이니까. When I dream, I dream

of you.

(필승은 눈을 감고 Carol Kidd의 〈When I Dream〉을 허밍으로 부르며 마치 여자와 춤추듯 왈츠를 추기 시작한다. 승리는 뒤늦게 과일을 줍는 유리를 발견하고 도와준다. 필승이 왈츠를 추고 있는데 무대 안으로 캐리어에 아이스 아메리카노를 들고 오는 수란과 부딪힌다. 수란은 필승이 입은 정장에 커피를 쏟는다.)

장필승 엇, 차가워.

장승리 꿈 깨라.

신수란 (고개 연속적으로 숙이며) 죄송합니다. 비싼 옷일 텐데 정말 죄송해요. (티슈를 찾는다. 유리도 덩달아 찾는다.)

장승리 실장님, 괜찮아요. 걱정하지 말아요. (필승에게) 넌, 천벌 받은 거야.

신수란 대접할 게 없어서, 잠시 밖에 나가서 커피 좀 사 왔는데….

장승리 고마워. 딱 맞는 타이밍에 등장해서 우리 필승이 정신을 번쩍 차리게 해 줬네.

장필승 아우, 진짜 친누나 맞아?

(유리는 필승 주변과 바닥에 흘린 커피 닦고 수란은 필승 곁으

로 가서 티슈를 건넨다.)

장승리 너 언제 갈 거야? 나 근무해야 해! (무대 밖으로 퇴
장하면서) 유리 씨, 그다음 예약자 어떻게 돼요?

홍유리 (바닥 닦다 말고 승리 옆으로 가서) 네, 그다음 예약
자는 30분 후 도착하실 예정이고, 콧대 높이고 콧볼 축
소 상담입니다.

장승리 고객 오시면 코 상담 전 알레르기 체크나 재수술
했는지 꼼꼼하게 확인해 주시고요. 코 상담 후 수술 원
하시면 비용 상담하고, 부작용이나 주의사항에 대한 안
내도 잘 부탁해요. 그리고 이번 달 매출이….

(승리의 이야기를 들으며 유리는 고개를 끄덕이면서 무대 밖
으로 퇴장한다. 대화 소리가 점점 멀어진다.)

신수란 (필승의 옷을 닦으며) 정말 죄송해요. 제가 옷 수선
비 꼭 드릴게요. 지금 현금이 없어서 그러는데…. 필승
씨라고 하셨죠? 필승 씨, 연락처 알려 주시면 바로 송금
해드릴게요. (유니폼 주머니에서 핸드폰을 꺼내 필승에게
건넨다.) 여기, 연락처 좀 입력해 주세요.

장필승 이 옷이 비싼 게 아니라서 그냥 제가 수선할게요.
그리고 커피도 감사했어요. 그럼, 수고하…. (무대 밖으

로 나가려는데)

신수란 수선비 안 드리면 예의가 아닌 것 같아서요. 꼭 드
리고 싶거든요.

장필승 수선비 받으면 누나가 매일같이 잔소리 폭탄을 던
질 거예요. (손으로 셔츠를 만지며) 제발, 정말, 진심으로
괜찮습니다.

(수란은 필승의 손에 든 핸드폰을 뺏어서 자신의 연락처를 입
력한다. 그러자 수란의 핸드폰에 필승의 번호가 뜬 것을 확인
한다.)

신수란 (수줍은 듯) 초면에 무례했다면 죄송해요. 원장님
은 저를 친동생처럼 챙겨 주시는 분이거든요. 저에게
원장님은 가족 그 이상인데, 필승 씨도 가족이라는 생
각이 들어서요. 수선비 꼭 받아 주세요. 그래야 앞으로
편안하게 뵐 수 있을 것 같아요.

(수란은 핸드폰을 건네고, 필승이 당황하는데 갑자기 필승에
게 전화가 온다.)

장필승 네? 아, 차 빼 달라고요. (수화기를 잠시 막고 수란
에게 조용히 말을 건네며) 그럼, 전 가 볼게요. 감사해요.

신수란 네, 조심히 가세요.

(필승은 무대 밖으로 퇴장하고, 수란은 핸드폰을 물끄러미 바라보다가 입덧한다. 무대가 어두워지면서, 수란의 입덧 소리는 노트북의 키보드를 두들기는 소리와 겹쳐진다. 무대가 점점 밝아지면, 빔프로젝터에는 강의실이 보인다. 빈 강의실에 지혜가 책상에 앉아 노트북을 하고 있다. 빔프로젝터에서 다음의 내용이 나타난다. '사람을 사랑하는 것보다 더 아름다운 것은 없다!' 이때, 강의실에 들어온 필승은 여전히 찢어진 청바지에 흰 티셔츠 운동화 차림이다.

필승이 들어온 줄 모르고 지혜는 등을 돌리고 강의 준비에 여념이 없다. 필승은 잠시 멈춰서 눈만 깜빡이면서 물끄러미 무대 배경의 내용을 바라보고 있다. 지혜는 교단 아래로 내려다가 높은 구두에 발을 헛디디고 필승의 품에 안겨 버린다. 서로 놀라 품에서 떨어지자 지혜는 중심을 잃고 바닥에 그대로 넘어진다. 빔프로젝터는 강의실로 다시 전환된다.)

이지혜 어머머.
장필승 아이코.
이지혜 아….
장필승 괜찮아요?
이지혜 이게 괜찮아 보여요?

장필승 (멋쩍은 듯 손을 내민다.) 제… 손잡아요.

이지혜 (무시하며) 됐어요.

(일어나려는데 발이 삐어서 힘없이 다시 넘어진다.)

장필승 발이 삔 것 같은데, 부축하는 것보단 손잡는 게 낫지 않아요? 강의 준비도 하셔야 하잖아요. (손 다시 내민다.) 잡으세요.

이지혜 (마지못해 잡고 일어난다.) ….

장필승 첫 강의에서 출석은 일종의 규칙이라고 말씀하셔서 오늘은 30분 일찍 왔습니다. 저, 규칙 지켰죠?

이지혜 (쳐다보지도 않고 말하며) 네.

장필승 그런데요. 손잡아 준 거 고맙다는 말 정도는 하셔야 예의 아닌가요?

이지혜 (냉랭한 어투로) 고마워요.

장필승 (혼잣말로) 엎드려서 절 받기네.

이지혜 뭐라고요?

장필승 아니에요. 선생님께서 수업 규칙에 대해 말씀하셔서 일상생활에도 규칙이 있다는 것을 말씀드리고 싶었어요. 말하자면, 사람 사이에 최소한의 예의 같은 거 말이죠. 지금도 저는 무진장 예의를 지키려고 노력 중이거든요.

이지혜 그럼 제가 예의를 지키지 않아서….

장필승 (말을 가로채며) 사람을 사랑하는 것보다 더 아름다운 것은 없다. 오늘 강의 주제인가 봐요. 그런데 변수도 있지 않을까요? 사랑이 변해서 아름답게 느껴지지 않는다면?

이지혜 변수가 변하는 값이라면 반대로 상수도 있고, 우리가 모르는 수인 미지수도 있죠. 사랑은 변수이면서도 상수이고 미지수이기 때문에 더 아름답다는 생각은 안 해 보셨나요? 대입한 수에 따라 참이 되기도 하고 거짓이 되기도 하는 방정식처럼요.

장필승 (다시 말을 가로채며) 그렇다면 저는 사랑하지 않는 사람을 사랑하면서 그 해를 구해 보는 연습부터 해 보려고요. 그 대상이 선생님이 될 것 같네요.

이지혜 제가 왜 그 대상이 되어야 하죠?

장필승 이게 날라리 제자인 제가 저명한 선생님에 대한 최소한 예의일 것 같아서요. 오늘부터 선생님을 사랑하려고 노력할게요. 제가 말했잖아요. 사랑은 그 사람을 위해서 죽을 수도 있는 거라고. 제자가 선생님을 죽도록 사랑하는 용기의 값이 얼마인지 증명할게요.

이지혜 (필승의 말을 무시하고 교탁 앞으로 간다.) 출석 부르겠습니다.

장필승 (이마에 손대며) 저, 장-필승! 출석입니다!

(빔프로젝터에서 학생들이 강의실로 들어오는 모습이 보인다. 필승이 무대 위 위치한 자리에 앉고 지혜가 출석 부른다. 무대 조명이 점점 어두워지고, 어둠 속에서 지혜의 강의가 시작된다.)

이지혜(E)　두 번째 강의 주제입니다. 사람을 사랑하는 것보다 더 아름다운 것은 없다.

(어둠 속에서 필승의 목소리가 들린다.)

장필승(E)　사람을 사랑하는 것보다 더 아름다운 것은 없다.

(무대의 조명이 켜지면, 빔프로젝터에서 무대 배경은 모양 성형외과로 전환된다. 성형외과는 업무가 끝나 어둡고 창밖도 밤이다. 퇴근 후라 승리는 평상복을 입고 있다. 승리는 데스크에 앉아 있고 필승은 서 있거나 무대 여기저기 돌아다니면서 대화를 나눈다.)

장승리　그게 오늘 강의 주제였다고?
장필승　몇 번을 말해. 어쩜 주어부터 목적어, 보어, 동사까지. 심지어 조사도 똑같아.
장승리　….

장필승 설마…. 아니겠지?

장승리 아니, 그럴 수 있어.

장필승 단지 성이 이씨라는 이유만으로 딸이라고? 아버지한테 들었던 이 회장님의 품격과는 전혀 다른 유전자를 가진 사람이라고. 이건 누나가 직접 겪어 봐야 해. 그 선생님, 사랑 자체를 안 해본 것 같단 말이야.

장승리 아니야. 충분히 가능성 있어.

장필승 근거가 없잖아, 근거가. 누나 의대 나온 거 맞아? 의대에선 무조건 증명할 수 없으면 모방이라고 배우잖아. 누나 실력 들통나기 전에 모양 성형외과가 아니라 모방 성형외과라고 상호명 바꿔라.

장승리 (골똘히 생각하며) 그… 선생님, 나이가 어떻게 되는데?

장필승 어려 보이던데, 서른 초주… 중반 정도? 내가 서른다섯 살이니까….

장승리 아마 서른일곱 쯤 됐을 텐데…. 너 성형외과 인턴 때 골격 상 안 배웠어? 사람 얼굴 보면 대략 나이 가늠할 수 있잖아.

장필승 난 정신건강의학과라고!

장승리 그럼 네 정신건강부터 개조해라. 얻다 대고 모방 성형외과래. 정신없게 돌아다니지 말고 여기 좀 앉아 봐. 선생님 성함이 이지혜라고 했지? 생각해 보니, 어머니 성함이….

장필승 (의자에 앉는다.) 어, 어머니 성함이 기사랑이라
는 것만 확인되면 따님이라는 게 확실해지는데 말이야.
흠… 그 근거를 어디서 찾지?

장승리 (한숨 쉬며) 휴… 이지호 회장님, 자살이 아니라
는 거 꼭 밝혀야 해. 타살이라는 거 따님도 알아야 하고.
TH로부터 JH의 지분도 되찾아와야 해. 회장님 그렇게
돌아가시고 갑자기 가족들 사라지면서 아버지가 따님
찾으려고 마음고생 하신 거 우리가 다 지켜봤잖아. 아버
지가 회장님 밑에서 부회장으로 계시면서 심적으로 많
은 빚을 지셨어.

내가 중, 고등학교 때 유학하면서 공부할 수 있었던 것
도, 네가 중학교 때 부적응으로 홈스쿨 할 수 있었던 것
도, 모두 회장님께서 지원해 주셨기 때문에 가능했던 거
야. 그런데 그때 회장님 사건, 뉴스며 신문이며 전국적
으로 떠들썩했잖아. 국내에 있었던 네가 더 잘 알잖아?

장필승 그때 장필승은 세상 물정 모르는 중학생이었죠.

장승리 (심각하게) 그때 너 몇 학년이었지? 너랑 나랑 여
섯 살 차이니까….

장필승 (장난치며) 김정은도 무서워하는 중2, 열다섯 살!

장승리 (갑자기 일어서며) 찾았다!

(이때, 수란이 무대로 등장한다.)

신수란 어머, 실례합니다. 제가 지갑을 놓고 퇴근해서요.

장필승 수란 씨, 안녕하세요. 잘 지내셨죠?

장승리 우리 필승이한테 수선비 준 거 좀 전에 들었어요.
고마워서 어쩌지?

신수란 아니에요. 제가 당연히 드려야 하는 걸요.

장승리 당연히라니? 필승이가 바로 보답할 거야. 시간되
면 둘이 저녁 식사해요.

신수란 저야 좋은데. 원장님은요?

장승리 (가방 챙겨 무대 밖으로 급히 나가며) 난 가볼 때가
있어서. 실장님, 미안한데 뒷정리 좀 부탁해요. 나중에
연락할게.

장필승 누나, 같이….

신수란 필승 씨!

장필승 네, 저번에 수선비는 잘 받았어요. 입금된 거 보고
문자 드렸는데 답변 없으시길래.

신수란 바빠서 답변 못 드렸는데 지금 할게요. 맛있는 저
녁 사 주시면 제가 그때 못 드린 커피 대신해서 와인 사
드릴게요. 어때요?

(무대 조명 어두워지고, 태양의 목소리가 들린다.)

진태양(E) 또라이 같은 년아! 100억 같은 소리 하고 자빠졌네. 100만 원도 많이 주는 거야.

신수란(E) 자꾸 이런 식으로 나오시겠다 이거죠?

진태양(E) 그래 이런 식이야. 앞으로도 계속 이런 식일 거야. 그러니까, 100만 원 줄 때….

(이때, 조명이 밝아지면 수란은 무대 위 서서 핸드폰 스피커 해 놓고 녹음기 대고 있다. 빔프로젝터에서 무대 배경은 술집으로 전환되고, 수란과 태양이 탬버린 흔들며 영탁의 〈찐이야〉[4] 노래를 부르는 모습을 보여 준다.)

신수란 요즘 같이 가짜가 많은 세상에

　　　믿을 사람 바로 당신뿐

　　　내 모든 걸 다 줘도 아깝지 않은

　　　내 인생에 전부인 사람

진태양 끌리네 끌리네 자꾸 끌리네

　　　쏠리네 쏠리네 자꾸 쏠리네

　　　심장을 훔쳐 간 사람

　　　찐찐찐찐 찐이야 완전 찐이야

　　　진짜가 나타났다 지금

---

4)　영탁, 〈찐이야〉, 내일은 미스터트롯 결승전 베스트, 2020, TV조선예능 [내일은 미스터트롯].

신수란, 진태양 (동시에) 찐찐찐찐 찐이야 완전 찐이야 찐
하게 사랑할 거야.

(태양은 술 취해 혀 꼬부라진 발음과 목소리로 말한다. 노래는
배경음이 되어 무대에 잔잔하게 흐른다.)

진태양 그으만! 노래 그만 부르고-오! (술 취해 혀 꼬부라
진 말투로) 이쁜아, 이리 와봐…. 너 내가 어떤 사람인
주-울 알아? 내가 왕년에 JH 회삿돈도 횡령한 사람이야!
TH 돈도 횡령하는 내가 남의 돈 삥땅 못 치겠냐? (자신
있게) 나, 찐태양! 이런 사람이야!

신수란 (녹음본 중간에 끊고 말한다.) 난 이런 사람이야. 100
억 기다릴게요.

진태양(E) (소리치며) 야이 쌍년아!

(태양, 수화기에 대고 소리 지르다가 화를 이기지 못해 수화기
를 던져 버린다. 수란, 핸드폰을 끊고 한쪽 입꼬리만 올린 채
미소 짓고 있으면, 무대 조명이 꺼진다.)

제2막

제1장
연애특강

(노트북 키보드 치는 소리와 함께 무대 위 지혜가 있고, 빔프로
젝터에는 지혜 방이 보인다. 지혜는 삔 다리가 아픈지 표정이
좋지 않고 집중하기가 어렵다. 책상 위에 놓인 물을 마시고 다
시 키보드를 치는데 현관문 비밀번호 누르는 소리와 함께 수
란이 등장한다.)

신수란 (걱정하며) 다리 삔 건 좀 어때?

이지혜 이젠 아예 내 집으로 퇴근하는구나. (책상을 잡고
일어서려는데 이내 넘어지며 아픈 신음을 낸다.) 아… (손
으로 아픈 다리를 주무른다.)

신수란 어머, 복숭아뼈 부은 거 봐! (자세히 지혜 다리를 살
피며) 그냥 삔 게 아닌 거 같은데? 다친 지 5일이 넘었는
데 아직도 부었으면, 인대가 늘어났거나 뼈라도 부러진
거 아냐? 정형외과 가봤어? 한의원이라도 가봐. 안 되겠
다. 우리 병원 건물에 정형외과, 한의원 다 있으니까, 내
일 와서 진료받자. 이런 상태로 서서 강의를 하겠다는

거야?

이지혜 (빤히 처다보며) ….

신수란 (당황해하며 자기 얼굴을 만진다.) 왜… 왜 이래? 내 얼굴에 뭐 묻었어?

이지혜 (피식 웃으며) ….

신수란 (말을 잇지 못하며) 야… 왜… 왜… 웃어?

이지혜 (크게 웃으며) 잠깐 상상해 봤어.

신수란 뭔데?

이지혜 (신나며) 네가 내 애인이면 어떠냐는 생-각! 남자 수란이. 이름은 남수!

신수란 (고개를 절레절레 흔들며) 너 같은 여자친구 있다는 거 상상만 해도 끔찍하다. 보수적이지, 소심하지, 융통성 없지, 그리고 무엇보다 용기가 없잖아.

이지혜 용기가 없는 대신에 난 순종적이잖아. 너 그거 알아야 해. 원래 용기의 반대말은 비겁이 아니라 순응이야. (윙크하며 애교 있게) 어때? 상상만 해도 깜찍하지? 난 내 남자가 나타나면 순종적인 여자가 될 거야! 그 사람이 하자는 대로 따를 거야!

비밀 연애하다가 결혼식 날 공개해도 전-혀 상관없어. 평생 서로의 편이 되어 사랑할 거니까! (손 하트 날리고 손에 뽀뽀하며) 남수 씨, 사랑해요. 쪽쪽쪽. 그런데 사랑도 유행이 있나? 왜 이렇게 여기저기서 용기 타령이지?

신수란 (병원에서 들었던 필승의 말이 생각난 듯 갑자기 멈
칫한다.) 그게 무슨 말이야? 용기 타령이냐니….

이지혜 있잖아, 강의 듣는 학생 중에 아주 정신이 오-백
만 년 나간 애가 있거든? (손가락을 하나씩 접으며) 예의
없고, 버릇없고, 눈치 없고, 생각 없고, 개념 없는 밥맛
5종 세트에 (손바닥 펼쳐 이마에 대고) 이렇게 필승하면
서 사랑하려면 죽을 수 있는 용기가 있어야 한다고 잘
난 척까지 하길래. 뭐, 암튼 그래서 내가 사랑하지 않는
사람도 사랑하라고 가르쳐줬지! (어이없다는 듯) 그랬더
니 날 사랑하는 연습부터 해 보겠대.

신수란 (모르는 척) ….

(이때, 지혜의 카톡 알림이 울린다.)

이지혜 누구지? (카톡 확인하더니) 오호, 호랑이도 제 말 하
면 온다더니, 아이고 이 늦은 시간에 이렇게 또 무례하게
톡을 보내주셨어요. (고개를 흔들며 확인도 하지 않고 카톡
을 읽지 않는다.) 내가 순순히 답장해 줄 것 같으냐?

(감정을 섞어 과장해서 키보드를 친다. 수란은 궁금한지 지혜
의 핸드폰을 힐끔거린다.)

신수란 아무리 말 안 듣는 학생이어도 톡은 확인해 봐야
하는 거 아냐? 뭐, 아파서 수업 결석한다고 보냈을 수도
있고, 수업에 대해 질문이 있어서 그런 거 있을 수도 있
고….

이지혜 답장 바로바로 해 주면 더 기어오를 거야. 초장에
기를 팍 눌러놔야 해. 이참에 사람을 배려하는 방법 좀
배워라. 아니다, 조만간 내가 특강을 열어서 제대로 알
려 줘야겠어.

신수란 (버럭 화내며) 너, 선생이잖아!

이지혜 그래, 나 선생 맞지. (수란의 표정 살피며) 그런데
갑자기 왜… 그…래?

신수란 (멋쩍은 듯) 그…러니까… 네가 선생이니까 학생을
먼저 배려해 주라고. 그래야 학생이 보고 배울 거 아냐?

이지혜 (부드러운 말투로) 암요, 충분히 배려해 줬지요. 제
가 안 해 줬겠어요? 이래 봬도 내가 심리를 가르치는 사
람인데….

신수란 고등학교 때 생각나서 그래. 넌 범생이라 모를 거
야. 난 날라리였고 담임한테 있는 대로 찍혀서 조퇴하
거나 뭘 질문해도 떨떠름한 감 먹은 듯 시원찮은 답만
주셨어. 지금도 그 기억이 생생해서 가끔 꿈도 꿔.

이지혜 (말을 잇지 못한 채 수란을 바라보다가 분위기가 어
색한지 물잔을 드는데) ….

신수란 (물이 없다는 것을 눈치채고 컵 들고 거실로 간다.) ….

(수란은 거실로 가서 컵에 물을 따른다. 물 따르는 소리와 겹치면서 핸드폰 벨소리가 울린다. 핸드폰에 모르는 번호가 뜬다. 지혜는 핸드폰을 확인하고 직감적으로 필승인 것을 눈치챈다.)

이지혜 (한숨을 쉬며) 휴우….

(벨소리가 중간쯤 다다랐을 때, 지혜는 마지못해 전화를 받는다. 수란도 들을 수 있게 스피커를 누르고 책상 위에 핸드폰을 놓으면 빔프로젝터에 필승과 승리의 모습이 보인다.)

이지혜 여보….

(지혜가 '여보세요'라는 말도 하기 전에, 필승은 다급하게 말하기 시작한다. 필승 옆에서 승리는 빨리 말하라고 손짓한다. 수란은 물컵을 지혜 책상에 놓고 필승이 통화하는 말을 유심히 듣고 있다.)

장필승 (빠르지만 정중하게 말한다.) 선생님, 밤늦은 시간에 실례합니다. 조금 전에 톡 보내드리긴 했는데 문자보다는 구두로 말씀드리는 게 예의일 것 같아서 연락드렸습니다.

이지혜 (수란에게 의외라는 눈빛 보내며) 용건이 뭐죠?

장필승 정말 궁금한 게 있어서요. 질문해도 되나요?

이지혜 말해 봐요.

장필승 두 번째 강의 주제요. 사람을 사랑하는 것보다 더 아름다운 것은 없다. 이 문장, 책에 있는 내용인가요? 학자의 명언인가요? 아니면 선생님의 개인적인 의견이신가요?

이지혜 저희 아버지께서 해 주신 말씀이에요.

장필승 (놀란 듯) 네? 아… 아…버지요?

이지혜 네, 근데 왜요?

장필승 (침묵) ….

이지혜 (낮은 톤으로 천천히 말하며) 밤 10시 넘어 전화해서 궁금하다는 질문이 이건가요?

(지혜의 언성이 점점 높아질 것 같은 분위기를 직감한 수란, 바닥에 앉아 있다가 지혜 옆으로 다가간다. 그리고 지혜에게 전화를 끊으라며 손짓한다.)

장필승 (계속 침묵) ….

이지혜 (큰 소리로) 저기요! 지금 제 말 안 들리나요?

장필승 (말 더듬으며) 실례지만, 선생님 나이가 어떻게 되
  시나요?

(수란은 손짓하면서 일부러 물잔을 핸드폰에 쏟는다. 수란, 미
안해하는 척하며 어쩔 줄 모른다. 지혜는 수란에게 입 모양으
로 조용히 휴지를 외친다. 수란과 지혜의 우왕좌왕한 모습이
연출된다.)

이지혜 휴… 휴지로 닦아야….

신수란 (휴지를 가지러 거실로 소리 나지 않게 뛰어간다.)

장필승 네?

이지혜 (당황하지 않은 척하며) 지금 전화할 상황이 아니
  라서요. 제가 수업 때 답변할게요.

장필승 네?

(지혜는 급하게 전화 끊고 수란은 휴지를 가져와 닦기 시작한
다. 빔프로젝터에서 필승과 승리의 모습 사라진다.)

신수란 (일부러 더 과장되게 휴지로 닦으며 말한다.) 미안해,
  미안해. 드라이기 어딨어? 드라이기로 말릴까? 어떡해,
  정말 미안해.

이지혜 (피식 웃으며 수란 손잡고) 괜찮아. 마침 끊으려던

참이었는데, 우리 남수 씨 덕분에 이쯤에서 잘됐어.

신수란 지…진짜 괜찮은 거야? (사이) 빚 청산 기념으로 핸드폰 사 줄게. 핸드폰 바꾸면서 연락처도 바꿔. 그리고 학생들한테 연락처 알려 주지 마. 스피커로 들어 보니까, 우리 선생님 말씀대로 예의 없는 학생이네. 질문에 답해 줬더니 감사하다는 말도 없고.

(버럭 화내며) 야, 너희 학교는 조교 없어? 조교 통해서 질문받든지 해. 개인 연락처 오픈하니까 한밤중에 전화해서 쓸데없는 질문하잖아! 생각해 보니까, 퇴근하면 나도 유리 씨도 고객들이 질문한 거에 답변 안 해. 그러니까 그 학생한텐 특강도 필요 없고….

이지혜 (수란이 품에 안기며) 남수 씨, 사랑해요.

신수란 (못이기는 척 받아 주면서) 자꾸 징그럽게 남수 씨 남수 씨 그러냐고. 그리고 난 남자 품에만 안긴다 했지?

이지혜 너처럼 가슴 크고 넓은 애인 있으면 얼마나 좋을까?

신수란 너 은근히 내 가슴 디스한다. 이 가슴이 얼마짜린 줄 알아? 너 원판 불변의 법칙 몰라? 아무리 성형해도 본판이 예뻐야 하는 거야. (가슴에 손을 대며) 내 가슴도 원래 모양이 예쁘니까….

이지혜 (지혜도 가슴에 손을 대며) 실장님, 그럼 제 가슴 견적은 얼마나 될까요?

신수란 (지혜 책상 위에 놓인 알 없는 안경을 쓰고) 음…. 요
즘은 자연스러우면서도 아름다운 모양을 만드는 물방
울 가슴 성형이 대세거든요. 가만있어 보자. (핸드폰에
계산기 찾아 두들기면서) A컵 탈출하고 D컵으로 성형하
려면….

이지혜 (가슴을 수란이에게 내밀며 한껏 들떠 있다.)

(이때, 수란에게 카톡이 오고 확인한 후 표정이 좋지 않다.)

이지혜 누가 가슴 견적 문의를 했나 봐요. (수란이 귓가에
대고 속삭인 듯) 남수 씨, 답변하지 말아요!

신수란 (핸드폰 시계를 확인하며) 어머, 벌써 11시가 다 됐네.

이지혜 (수란에게 팔짱을 끼며) 네네, 오늘 밤은 우리 둘이
오-붓하게 보내요.

신수란 (팔짱을 빼며) 나 이제 가 볼게.

이지혜 응? 무슨 소리야? 오늘 자고 가는 거 아니었어?

신수란 (지혜 핸드폰 낚아채며 무대 밖으로 나간다.) 그리고
이 핸드폰은 내가 가져간다. 내가 내일 출근해서 정형
외과 예약해 놓을 테니까 2시쯤 와. 이만 간다.

이지혜 (큰 소리로) 야! (귀여운 척) 내일 내 가슴 견적 내줄
거지?

(수란의 뒷모습을 보면서 지혜는 미소를 짓는다. 서서히 조명이 어두워지면 빔프로젝터를 통해 수란이 통화하는 모습이 보인다.)

신수란 (분노하며) 이십 년 전이나 지금이나 막말하는 건 여전하네. 내 번호는 어떻게 알았어? 시끄럽고…. (사이) 엄마가 죽었는지 살았는지, 내가 알 게 뭐야? 나 돈 없어! 나한테 돈 맡겨 놨어? (비웃으며) 아이고, 무서워라. 그래, 하나뿐인 딸년 죽이고 장기 팔아서 빚 갚으면 되겠네. (단호하게) 한 번만 더 전화해 봐. 경찰에 신고할 거니까!

(수란, 전화를 끊는다. 다시 번호를 누르면 통화 연결음 소리가 난다.)

안내(E) 연결이 되지 않아 소리샘으로 연결됩니다.
신수란 100억 주지 않으면 회사에 녹음본 공개할 거니까, 각오해!

(무대 위 조명이 켜지면, 빔프로젝터에는 '모양 성형외과'의 데스크가 보이고 유리와 지혜는 대화 중이다.)

이지혜 (주스를 건네며) 더운 날 수고가 많으시네요. 이거 드시면서 일하세요. 그런데 신수란 실장님은 언제쯤 오세요?

홍유리 (웃으며) 어머, 잘 마실게요. 감사합니다. 아마 30분 후쯤 오실 거예요.

이지혜 실장님이 많이 바쁘신가 봐요. 2시쯤 오라고 해서 시간 맞춰 온 건데….

홍유리 (친절하게 의자 쪽으로 손짓하며) 저기 앉아서 편안히 기다리세요. 오후에는 원장님 세미나 가서서 실장님하고 제가 교대로 근무하거든요. 아마 지금쯤 점심 식사하고 계실 거예요.

이지혜 지금, 점심을 먹는다고요? 이렇게 바쁜 줄 알았으면 오지 않는 건데…. 미안해요. 실장님한테 말씀 좀 잘 전해 주세요. 그만 가 보겠습니다. 수고하세요. (머리 숙여 인사하고 절룩거리는 다리로 퇴장한다.)

홍유리 (지혜를 잡으며) 저희 일이 원래 불규칙해요. 오늘은 고객이 없어서 한가한 거예요. 실장님 친구 분이시더라도 저에게는 고객이시니까 오신 김에 성형 상담해 드릴게요. 혹시 궁금한 거 없으세요?

이지혜 (난감한 듯) 그…글…쎄요.

홍유리 꼭 성형하지 않으셔도 평소에 궁금했던 그거라도 괜찮아요. 여자라면 거울 보면서 아쉬운 부위가 있잖아요. 여기 좀 고쳤으면 좋겠는데, 뭐 이런 곳이요.

이지혜 음…. 딱히 생각해 본 적이 없어서….

홍유리 (수다스럽게) 하기야 얼굴도 작고 눈코도 뚜렷하
셔서…. 아, 그럼 보톡스나 필러는 어떠실까요? 이건 남
자들도 관리 차원에서 많이 하거든요. 실장님께 친구
분이 선생님이라고 들었거든요. 강의하셔야 하니까,
입 주변 근육을 위해서라도 입꼬리 보톡스랑 입술 필러
어떠세요? 말하는 직업을 가진 사람들은 이 시술 많이
하거든요. (입술을 쭉 내밀며) 우-. 저도 했잖아요. 하하
하….

이지혜 (어색하게 웃으며) 아…. 하하하.

(수란이 핸드폰을 든 쇼핑백을 들고 무대에 등장한다.)

신수란 그래서 저번에 늦게 퇴근하고 다음 날 결석했구
나. 혼자 필러 시술하느라고.

홍유리 (고개 숙이며) 어머, 실장님. 죄송합니다.

신수란 나중에 이야기하자고요

홍유리 네, 알겠습니다.

(유리는 데스크에 앉아 일하고 지혜와 수란은 대화를 나눈다.)

신수란 (주스를 마시며) 그냥 빈손으로 와도 된다니까.

이지혜 생과일주스 먹고 싶다고 했잖아. 점심은 제대로 먹고 온 거야? 이러니까 체하지. 난 갈 테니까 이따 연락해. 유리 씨 친절하게 상담해 줘서 고마워요.

신수란 (지혜 손에 쇼핑백 걸어 주며) 조금 전에 새로 개통한 거야! 번호 바꿨으니까 내가 어제 한 말 명심해!

이지혜 너, 진짜….

신수란 예전 핸드폰에 있는 번호 그대로 옮겼고, 앱, 문자, 톡, 메모 그대로 다 옮겼어. 학생들한테 잘 둘러대고 개인 연락처 오픈하지 마.

이지혜 (웃으며) 네, 실장님. 알겠습니다.

신수란 그리고 아래층에 정형외과 예약해놨으니까 같이 가자. 유리 씨, 데스크 좀 봐줘요.

홍유리 네, 다녀오세요.

이지혜 가…도 되는… 거야?

신수란 나 아직 점심시간이고 30분 남았어.

(수란은 지혜를 부축해서 무대 밖으로 나간다. 갑자기 병원으로 걸려온 전화를 받는 유리, 분주하게 일하는 모습 보이면서 조명이 꺼진다. 어둠 속에서 빔프로젝터를 통해 영화 〈마담 프루스트의 비밀정원〉[5]의 첫 장면이 보인다.)

---

5) Chomet, S., 〈마담 프루스트의 비밀정원〉, 찬란, 2014. 106분.

> *"기억은 일종의 약국과 유사하다.*
> *아무렇게나 내민 손에 어떤 때는 진정제가*
> *때론 독약이 잡히기도 한다."*

(지혜의 목소리가 들린다.)

이지혜(E) 2014년에 개봉한 프랑스 영화, 마담 프루스트
  의 비밀정원의 첫 장면에 등장하는 글귀입니다. 19세
  기 프랑스의 실존 소설가였던, 마르셀 프루스트의 소설
  〈잃어버린 시간을 찾아서〉의 모티브가 된 영화죠.

(서서히 조명이 켜지면 강의실 보이고 며칠이 지났는지 지혜
의 다리는 제법 나아 있는 상태로 보인다. 빔프로젝터에서 영
화 〈마담 프루스트의 비밀정원〉의 주요 장면들이 편집된 영상
이 나온다.)

이지혜 영화를 보면 주인공 폴의 기억을 찾는 미장센들
  이 등장합니다. 여기서 잠깐, 미장센을 샴푸 이름으로
  이해하는 학생은 없겠죠?
  여기 이미지를 보면 알 수 있듯 감독 실뱅 쇼메는 왜 남
  자 프루스트 대신 여자 프루스트로 대체하고 장면을 연
  출했는지. 또 부모님의 죽음으로 실어증에 걸린 폴의

기억을 찾기 위해 마들렌과 홍차가 소품으로 등장하는
지. 폴 기억 저변에 깔린 기억이 왜 홍수로 비유되는지.
줄거리를 모두 말하는 건 스포일러니까 각자 알아서 보
길 바라고요.

다음 주에는 기억이라는 주제로 이것이 우리에게 의미
하는 바[6]가 무엇인지에 대해 토의하는 시간을 가질게
요. 그럼 세 번째 강의 마치겠습니다.

(무대 배경에는 강의실 나가는 학생들이 보인다. 필승은 지혜
에게 다가가 말을 건넨다.)

장필승 (조심스럽게) 저⋯기 선생님.

(지혜는 수업 뒷정리하느라 바쁘다.)

이지혜 (필승인지 모르고 대답하며) 네.

장필승 벌써⋯ 1주일이 지났네요. 이거 주면 대답해 주
려나? (지혜에게 선물 상자를 건넨다.)

이지혜 이게 뭐예요?

---

6) 인간은 기억 속에 새로운 정보를 보관하는 것이 아니라, 이미 알고 있는
정보와의 관계에 의해 정의된 의미에 따라 정보를 저장한다. Metcalfe,
J., & Shimamura, Arthur P., ***Metacognition: Knowing about Knowing***,
United States of America: Bradford Books, 1996.

장필승 선생님하고 친해지고 싶어서요.

이지혜 이런 거 김영란법에 걸려요.

장필승 5만 원 이하면 안 걸려요. (지혜 가방에 선물 상자를 넣는다.)

이지혜 (모른 척한다) ….

장필승 저번 주에 질문한 거 답변 못 받은 지 1주일째인데요. 선생님 나이가 어떻게 되시는지?….

이지혜 (빤히 쳐다보며) 서른일곱인데요? 왜요?

장필승 (진지하게) 그럼 두 번째 강의 주제, 아버님께서 해주셨다는 말씀이요.

이지혜 네.

장필승 (심각한 말투로) 정말 선생님 아버지께서 그런 말씀을 하셨어요?

이지혜 네, 그게 왜요? 뭐 잘못되었나요? 아…. 강의한 제 머릿속에서 순수하게 나온 말이 아니라 타인의 생각을 빌려서 말한 거라 잘못했다는 건가요?

장필승 잘못된 거 없고 잘못하신 것도 없습니다.

이지혜 (단호하게) 근데 왜죠? 왜 저한테 자꾸 이 질문을 하시는 건가요?

장필승 근거를 찾아야 해서요.

이지혜 근거?

장필승 네, 근거요.

이지혜 (어이없는 듯) 나 참 살다 살다. 장필승 학생, 명석한 거 인정할게요. 아무리 졸업 후에 정신과 의사가 된다 해도. 학생이 선생한테 할 말이 있고 안 할 말이 있는 거예요. 선생도 직분이고 그저 학생보다 먼저 배운 사람에 불과하고, 학생과 선생이 수평적인 관계이길 바라서 수업 규칙도 그렇게 정한 건데….

장필승 (말 가로채며) 아버님이 정의로운 분인 것 같아요. 선생님도요.

이지혜 (무시하며) 저 먼저 가 보겠습니다. 다음 시간에 봅시다.

장필승 하… 할… 말이 있는데…

(지혜, 무대 밖으로 퇴장. 필승은 지혜의 뒷모습 우두커니 바라보더니 지혜가 사라지자 도무지 알 수 없다는 듯 한숨을 쉬고 머리 긁적인다.)

장필승 아, 뭔가 부족하단 말이지. 결정적인 근거가….

(이때, 진동이 울리는 지혜 핸드폰. 필승은 진동이 나는 곳을 찾아가니 지혜의 책상 위에 핸드폰이 놓여 있다.)

장필승 (필승의 핸드폰 보면서) 내 건 아닌데…. (지혜 핸드폰을 발견하고 액정에 표시된 수신 전화의 상대방 이름을 보며) 찾았다!

(빔프로젝터에는 핸드폰 액정에 '기사랑마마'라는 이름이 보인다. 무대 조명이 점점 어두워진다.)

제2장
인연과 악연 사이

(무대 조명이 밝아지면, 빔프로젝터의 무대 배경으로 학교 캠퍼스가 보이고 긴 의자에 앉아 있는 지혜.)

이지혜　지가 뭔데 우리 아빠가 정의롭다느니, 판단질이야? 진짜 기가 막히고 코가 막혀. 하기야. 우리 아빠가 좀 정의롭긴 했지. 그건 또 귀신같이 잘 봤네. (잠시 주위를 둘러보더니 가방 안에 손을 넣어 필승이 준 선물 상자를 꺼낸다. 귀에 대고 흔들어 본다. 달그락달그락 소리.) 이거 장난치는 거 아냐? 그래, 친해지고 싶다잖아. (선물 상자를 천천히 열어 본다.) 와 예쁘다. (주위를 두리번거리더니 이내 머리에 핀을 꽂는다.) 가만있어 봐. 설마 날…? 어머머, 이지혜! 너 지금 무슨 생각하는 거니? 근데, 지금 몇 시지? (가방 안에서 핸드폰을 찾는다.) 어? 해… 핸드폰….

(지혜 뒤에서 필승이 핸드폰 들고 다가와 서 있다.)

장필승　이거 찾아요?

이지혜　엄마야, 깜짝이야. 놀랬잖아요.

장필승　(능청스럽게) 어머님이 누구니? 기사랑이요!

이지혜　(톡 쏘아붙이며) 왜 남의 엄마 이름을 함부로 불러
　　요? 근데… 우리 엄마 이름을 어떻게 알아요?

장필승　(핸드폰에 손짓한다.) ….

(지혜가 핸드폰 뺏으려 하는데 필승 핸드폰을 주지 않고 벤치
주변에 뛰어다닌다. 지혜 불편한 다리로 필승 뒤를 한참 따라
다닌다.)

이지혜　빨리 내놔요!

장필승　(웃으면서) 혹시 나 좋아해요?

이지혜　(째려보며) 뭐라고요?

장필승　(핸드폰 줄까 말까 장난치며) 제가 사귀자고 하면 사
　　귈래요?

이지혜　미쳤어요?

장필승　몰랐어요? 원래 사랑은 미쳐야 할 수 있어요. 어
　　머니한테 말씀드렸는데….

이지혜　뭘요?

장필승　정의로운 따님을 두셨다고.

이지혜　네? 빨리 핸드폰 달라고요.

장필승   우아, 멀리서 봐도 반짝반짝한 게 아름답네요.

이지혜   네, 제 미모가 워낙 빼어나서요.

장필승   아니, 핀이요. 혹시 공주병 있어요? 현대의학이 눈
부신 발전을 했다지만, 공주병은 불치병인데 어쩌죠?

이지혜   (다리가 아픈지 벤치에 앉는다.) 아주 선생을 가지고
놀아라.

장필승   (가까이 다가가서) 2살밖에 차이 안 나는 사제 지간
이지요. 공주병에 특효약이 있긴 한데…. 바로 백마 탄
왕자님. 나랑 연애할래요?

(필승은 로맨틱한 미소를 짓고 지혜는 흠칫 놀란 표정을 지으
면, 허각과 지아의 로맨틱한 듀엣곡 〈I Need You〉의 코러스[7]
가 무대 전체를 가득 채운다.)

I need you 수줍은 나의 고백
오랫동안 몰래 숨겨왔던 노래
I need you 참 순진했던 고백
너도 좋다면 가까이 다가와 I need you.

(노래 소리가 작아지면 필승과 지혜는 무대 밖으로 퇴장하고,

---

7)   이 곡의 코러스(Chorus)는 극에서 필승이 지혜에게 용기 있게 사랑을 고
백하고, 지혜의 설레는 감정을 표현하는 역할을 한다. 허각 & 지아, 〈I
Need You〉, I Need You, 2012, 카카오엔터테인먼트, 뷰가엔터테인먼트.

빔프로젝터를 통해 '모양 성형외과'가 보인다. 유리가 데스크에서 전화에 응대하거나 일하며 분주하다. 수란도 업무를 하고 있지만, 몸이 불편한지 표정이 좋지 않다. 승리가 무대에 등장하여 유리와 대화를 나누기 시작한다.)

장승리   자, 우리 이제 정리하고 퇴근합시다. 그리고 오늘 회식인 거 알고 있죠? 유리 씨, 내일모레 목요일 안면기형 수술 환자요. 미리 전화해서 수술 전 유의사항 꼭 말씀해 주셔야 해요. 네일아트 모두 지우기, 영양제와 술, 커피도 절대 마시면 안 되고요. 8시간 금식 후 병원 오시라고 전해 주세요.

홍유리   (받아 적으며) 네네, 환자분께 전화하고 문자도 발송할게요.

장승리   아, 그리고 목요일은 수술 전후로 다른 예약은 잡지 마세요. 고난도 수술이라 피로도가 높아서 환자분께만 집중해야 할 것 같아요.

홍유리   역시, 우리 원장님은 양심적인 분이세요. 그런데 안면기형 무료 수술은 언제부터 생각하고 계셨던 거예요?

장승리   우리 아버지가 예전에 JH 제약회사에서 부회장으로 근무한 적이 있는데, 그때 모셨던 회장님께서 안면기형 환우들에게 의료비 지원하셨거든요. 갑자기 사고로 돌아가시는 바람에 회사도 남의 손에 넘어가고….

홍유리 어머, 원장님. JH는 2000년대 국내 최고의 제약 회사 아닌가요? 대학에서 공부할 때 JH에서 개발한 약은 교과서에 나올 정도로 유명했어요. (머리 긁적이면서) 그… 성함이 뭐더라. JH니까… 음… 그래, 이지호 회장님!

장승리 맞아요. 그 이지호 회장님께서 살아생전에 하신 의료비 지원! 그 정신을 본받아 무료 수술로 대신하고 있어요. 우리 필승이가 정신과 의사 되면 환우분들 심리치료도 해 줄 거예요.

홍유리 (손뼉 치며) 원래 멋진 분인 걸 알았지만 존경스러워요. 원장님하고 남동생분요!

장승리 이지호 회장님은 성공한 사업자셨지만, 그게 무엇이든, 자신이 맡은 바를 잘 꾸리려면 사람을 먼저 사랑하는 방법을 배워야 한다는 가치관을 강조했대요. 사람을 사랑하는 것보다 아름다운 것은 없다.

(유리의 카톡 알람음이 울리고 메시지를 확인한다.)

홍유리 뭐지? 우리 병원에 등기우편 올 게 없을 텐데….

(무대 밖으로 퇴장하는 사이 승리와 수란이 대화를 나눈다.)

장승리 밤공기가 제법 서늘해진 것 같지 않아요? 이제 가을이 오려나 봐…. 오늘 뭐 먹지? 수란 씨, 우리 뭐 먹을까?

신수란 아… 하루 종일 감자칩을 먹었더니, 입맛이 없어서요.

장승리 과자로 배가 채워지겠어요? 그런데 수란 씨, 아까부터 표정이 좋지 않아 보여요. 무슨 일 있어요?

신수란 (당황해하며) 아, 네….

장승리 무슨 일 있다고?

신수란 (다급히) 아니요.

장승리 아닌데? 어디 불편해요? 아픈 건가?

신수란 사실, 제가 요즘 속상한 일이 있어서요. 친한 친구가 있는데, 저를 질투하는 게 느껴져서 마음이 괴로워요.

장승리 질투요?

신수란 (조심스럽게) 네…. (울먹이며) 제가 하는 말투, 행동, 습관 심지어 생각까지도 전부 다 따라 하네요. 점점 병적으로 변하는 것 같아요.

장승리 이따 필승이 오면 그런 사람은 어떻게 대하는 게 좋은지 상담해 봐요.

(무대 안으로 택배 상자 들고 등장하는 유리, 바로 대사한다.)

홍유리 아, 저번에 병원에 오셨던 그 친구 분 맞죠? 저도 실장님께 이야기 들었는데…. 친구 분이 심리학 교수인데 어떤 학생이 밤늦게 연락 와서 신경질적으로 반응하길래, 고등학교 때 생각해 보라고 말했다가 열 받아서 핸드폰 던졌다면서요?

신수란 (말 더듬으며) 어…. 어.

홍유리 아니, 너도 고등학교 때 궁금한 거 있으면 밤늦게 담임한테 전화해서 물어보지 않았느냐, 학생이 얼마나 궁금했으면 밤늦게 연락했겠냐. 이게 핸드폰을 부술 정도로 신경질 낼 만한 말은 아니잖아요. 혹시…. 심리학 강의도 거짓말 아닐까요? 위장 취업 같은 거 말이죠.

신수란 저기, 내 친구는….

홍유리 (말을 가로채며) 아니, 생각해 보세요. 태어날 때부터 금수저 물고 태어난 우리 실장님인데…. 아무래도 수상해요. 학력 위조하고, 일부러 공부 많이 한 척 사기 치고 살다가 이제야 본색을 드러낸….

신수란 (아니라는 듯 손을 저으며) ….

장승리 그런데, 유리 씨 그 택배 상자는 뭐예요?

홍유리 글쎄요. 발송한 사람 이름이 없네요. 열어 볼까요?

(유리는 커터칼로 택배 상자를 연다. 그동안 수란과 승리는 대화를 나눈다.)

장승리 유리 씨 얘기 들어 보니까 마음고생 심했겠어. 그
    래서 그렇게 어깨가 축 처져….

(갑자기 유리는 커터칼을 바닥에 떨어뜨리며 소리를 지른다.
승리와 수란이 유리 곁으로 빠르게 다가간다.)

홍유리 아악.
장승리 무슨 일이야.
신수란 왜 그래, 유리 씨.

(승리는 택배 상자 안에 있는 수십 개의 바늘이 꽂혀 있는 피
묻어 있는 인형과 '네 엄마는 살인자야'라는 글이 적힌 종이를
발견한다.)

장승리 네 엄마는 살인자야?

(갑자기 수란의 카톡 음이 울리고 바로 핸드폰 벨소리가 울린
다. 정신을 차린 유리는 핸드폰에 지혜 이름을 발견하고 전화
를 받고, 유리가 스피커 설정을 누르면 빔프로젝터를 통해 지
혜의 모습이 나타난다.)

홍유리 여보세요. 도대체 저희 실장님한테 왜….

이지혜 (울면서) 수…란아… 나… 너…무 무서워. 어떤 남
　　　자가 네 이름을 부르면서 문을 두들겨.

(핸드폰 수화기 너머까지 문 두드리는 소리와 신대수 술 먹은
상태로 소리 지른다.)

신대수(E) 돈 내놔. 이년아. 신수란, 여기 숨으면 내가 모
　　　를 줄 알아.

이지혜 (대성통곡하며) 택…배로 바늘 꽂힌 인…형도 보
　　　냈어. 지금 나한테 와 줄 수….

홍유리 (전화를 끊으며) 정신적으로 문제가 있는 여자네
　　　요. 쇼하는 거예요. 저거.

(유리가 전화를 끊으면 빔프로젝터의 배경은 다시 '모양 성형
외과'로 전환된다.)

장승리 (꺄우뚱거리며) 쇼가 아니라 심각한 상황 같은데?
　　　실장님하고 똑같은 인형도 왔다잖아. 실장님, 친구한테
　　　가 봐야 하는 거 아니에요?

신수란 원장님, 유리 씨. 아무래도 저 오늘은 회식이 어…
　　　려울 것….

(이때, 무대에 필승이 힘찬 걸음으로 어깨에 힘주며 등장한다.)

장필승 저, 장-필승이 찾았습니다. 이지호 회장님 딸 찾았
다고요!

(승리와 유리는 필승을 웃으며 쳐다보고 수란은 체념한 표정
으로 서 있으면 잠시 암전된다. 무대 조명이 약간 밝아지면, 빔
프로젝터를 통해 수란의 집이 배경으로 보이고, 취한 필승을
부축하여 등장하는 모습이 보인다. 수란은 매트리스에 필승을
눕히고 조명등을 켠다. 그리고 술에 취해 비몽사몽 한 상태로
갈증을 호소하고 답답한지 옷을 벗으려 하는 필승.)

장필승 무… 물….

(수란은 거실로 가서 물을 가져오고, 졸피뎀을 찾아 꺼내 물에
넣는다. 필승을 일으켜 세워 물을 마시게 한다. 꿀꺽꿀꺽 물 마
시는 소리. 필승이 입고 있는 옷을 벗긴다. 편안해졌는지 잠이
드는 필승. 시계 소리만 째깍째깍. 수란도 옷을 벗고 필승 옆에
눕는다. 그리고 매트리스 옆에 있는 전등을 끄면 무대가 어두
워진다. 어둠 속에서 전화 연결음이 반복된다.)

안내(E) 연결이 되지 않아 소리샘으로 연결됩니다.

(다시 끊고 다시 전화 연결하고 연결음이 반복된다. 서서히 조명이 밝아지면 수란이 손톱을 물어뜯으며 매트리스에 앉아 초조해하는 표정으로 핸드폰을 귀에 대고 있는 모습이 보인다. 필승의 모습은 보이지 않는다.)

신수란　(초조하게) 받아라…. 좀! 받으라고….

(계속되는 통화 연결음이 갑자기 멈춘다.)

신수란　네가 보낸 거지?
진태양(E)　(공손하게) 자꾸 전화하시면 경찰에 신고하…
신수란　(흥분하며) 미친 사이코 새끼.
진태양(E)　….
신수란　네 엄마가 살인자라는 둥, 바늘 꽂은 피 묻은 인형. 다 네가 보낸 거잖아.
진태양(E)　지금 무슨 말씀을 하시는 건지? 저는 이만 바빠서.

(태양은 전화 끊으면, 다시 전화벨 소리가 울린다. 수란이 전화를 받으면, 무대 한 공간에 핀 조명으로 대수의 모습이 보인다.)

신대수　(여유롭게) 네가 한 짓 다 알고 있으니까, 좋은 말할 때 돈 내놔!

신수란 (소리 지르며) 도대체 무슨 짓을 한 거야? 뭔 짓을 한 거냐고!

신대수 그 남자 어디 갔어?

신수란 ….

신대수 어제 너랑 같이 있었던 남자 말이야.

신수란 남자?

신대수 그 남자한테 뭘 먹인 거야? 약?

신수란 (버럭 화내며) 도대체 무슨 말 하는 거냐고!

신대수 (살살 달래며) 워워. 우리 딸 착하지. 왜 이렇게 화를 내. 지혜한테는 뭘 먹인 거야? 네 친구 걷는 게 병신이던데. 아빠만 알고 있으니까 걱정하지 마. 돈만 준비해 놔. 우리 딸!

(전화 끊는다. 수란의 입덧은 심해져 있다.)

신수란 웩.

(화장실로 달려가 한참을 게워낸 후 거실로 돌아와 지친 표정. 이내 승리에게 전화를 건다.)

신수란 원장님, 저 신수란 실장입니다. 죄송하지만 몸이 너무 안 좋아서 아무래도 장기 결근을 해야 할 것 같아요. 네, 저번에 말씀드린 대로 기분도 우울하고 그동안 친구 때문에 신경을 너무 많이 썼나 봐요. (사이) 네, 감사합니다.

(수란은 핸드폰 내려놓고, 뭔가 결심한 표정. 무대가 어두워진다. 지혜의 강의하는 소리와 함께 점점 무대가 밝아지면 다리가 불편한지 앉아서 수업하는 모습이 보인다. 발음이 어눌하고 손을 떠는 지혜. 빔프로젝터의 무대 배경으로 '기억'이라는 단어가 보인다.)

이지혜 여러분에게 진정제 같은, 독약 같은 기억은 무엇인가요? 이렇게 질문을 하고 도중에 멈추면 재미있는 심리 현상이 일어납니다. 일명 자이가르닉 효과! 미해결 과제처럼 완료하지 못한 일을 쉽게 잊지 못하며 계속해서 뇌리에 남게 되는 거죠. 마치 사랑하는 사람이 죽은 후에도 같은 현상이 일어나요.

장필승 선생님, 연인 사이의 이별에도 적용되나요?

이지혜 그렇죠. 죽음이든 이별이든 부정, 용서, 분노, 우울, 수용의 5단계를 거치게 됩니다. 이렇게 우리의 인생은 진정제와 독약 같은 기억들이 뒤섞인 변주곡인 셈이죠. 오늘 강의는 여기까지. 다음 주에는 개인 발표를 준

비하세요. 혹시 질문 있나요?

장필승 강의 끝나고 개인적으로 하겠습니다.

이지혜 네.

(빔프로젝터의 무대 배경에 학생들 나가는 모습 보이고, 필승은 지혜 곁으로 간다. 지혜는 자리에서 일어나서 정리하다가 이내 다리에 힘이 풀리면서 넘어진다. 필승은 지혜를 일으켜 세운다.)

장필승 저 잡으세요.

(지혜가 손을 뿌리친다.)

장필승 사귀자고 안 할 테니까 잡아요.

(필승 힘껏 지혜의 몸을 세워서 의자에 앉힌다. 지혜는 힘이 없어 보인다.)

이지혜 고…고마워요.

장필승 질문할게요. 혹시 요즘 들어 근육 둔해진 거 못 느껴요?

이지혜 ….

장필승　저 아직 졸업은 안 했지만, 의사면허증 있어요. 고
　　　로 의사란 말이죠. 의사는 환자를 알아봐요.

이지혜　….

(지혜는 말없이 듣고 있다.)

장필승　선생님, 평소 말하는 것도 불편하죠? 제가 묻는 말
　　　에 대답 좀 해봐요.

이지혜　(힘없이) 네.

장필승　강의할 때 혀가 말리지 않아요? 수전증처럼 손이
　　　떨리거나 개구리처럼 쫙 퍼지거나 이런 증상 느껴져요?

이지혜　(눈물 흘린다.) 네.

장필승　지금 선생님 근육이 점점 손실되고 있어요. 요즘
　　　에 먹는 약 같은 거 있어요?

이지혜　한약을 먹고 있어요.

장필승　(놀라며) 한약이요? 뭔데요. 지금 있어요?

이지혜　집에 있어요.

장필승　당장 선생님 집으로 갑시다. 그 약 보여 주세요.

이지혜　지금요? 저 다음 강의가 있어요.

장필승　(버럭 화내며) 지금 강의가 중요해요? 선생님 이러
　　　다가 평생 앉은뱅이로 살 수 있어요! 예의 없다, 버릇없
　　　다고 생각해도 상관없는데요. 선생님 살려야겠습니다.

(갑자기 필승에게 걸려온 전화 벨소리. 필승 전화 신경 쓰지 않고 지혜에게 다그친다.)

장필승 안 가실 거예요?

(무시해도 계속 걸려오는 전화 벨소리. 지혜 입을 떼고 말한다.)

이지혜 전화 받아요. (한참 쳐다보더니, 이내 전화 받는다.)

신수란(E) (울먹이며) 필승… 씨….
장필승 (지혜 눈치를 보며) 네?
신수란(E) 오늘 만날 수 있어요?
장필승 아니요. 무슨 일인지 모르겠지만, 다음에 다시 연락드리죠.
신수란(E) 저, 필승 씨 아기를 가졌어요.

(필승 멍한 표정으로 지혜를 바라본다. 점점 무대 조명이 어두워진다.)

제3장

중독

(무대가 어두운 상태로 필승의 목소리가 들린다.)

장필승(E)　연락이 되지 않아서 녹음 남겨요. 우리 만납시
　　다. 연락주세요.

('뚝', 필승이 전화를 끊는다. 무대의 조명이 밝아지면, 빔프로
젝터의 무대 배경에 지혜의 거실이 보이고 수란이 거동이 불
편한 지혜를 보살피는 모습 보인다.)

신수란　(감자칩을 먹으며) 그래서 경찰에서는 뭐래?

이지혜　문만 두들기다가 도망간 거고, 큰 피해 안 받았으
　　니까 앞으로 우리 동네 순찰에 신경 쓰겠다는 말만 되
　　풀이하던데. 그나저나 너한테도 왔다고? 그 이상한 편
　　지랑 인형.

신수란　(과자 한 움큼 손에 넣고 입에 넣으며) 야! 말도 꺼내
　　지 마. 기분 더러우니까. (입 안에 과자 씹히는 소리가 점

점 커진다.)

이지혜   또 체하겠다. 천천히 먹어. 넌 날씨 추워지면 그-렇게 감자칩을 먹더라. 이 언니가 빚 청산 기념으로 스테이크 쏜다.

신수란   (과자 봉지를 던지고 신경질 내며) 그리고 여자 혼자 사는 집에 외간 남자가 문 두들기는 거, 경찰한테 신변 보호 요청했어야지. 넌 매사에 용기가 없어서 문제야. 항상 그런 식이니까 학생이 널 쉽게 생각하지.

이지혜   신수란! 너 말이 조금 심하다. 네가 날 쉽게 보는 건 아니고?

신수란   다 너 생각해서 하는 말이….

이지혜   날 생각해 준답시고 하는 모든 말에 나를 무시하는 느낌이 깔려 있어. 그때 너한테 와달라고 전화했을 때도 지금도, 그리고 고등학교 때도. 늘 나를 생각해 주는 척하면서 늘 말 끝자락엔 그래서 넌 이게 문제야라고 먹였잖아. 아니야?

신수란   (비웃으며) 너 오늘 말발 좋다. 말이 나와서 하는 말인데. 너 문제 많아. 착한 척, 아는 척, 잘난 척하지 말라고! 네가 사랑을 알아? 아, 그리고 나 곧 결혼해. 운명적인 만남이거든. 남편이랑 이민 갈지도 몰라서 이제 너 같은 병신은 볼일 없겠다.

이지혜   너 나한테 왜 그래? 그럼 한약하고 보톡스 좀 설명해 봐.

신수란 야, 질문이 좀 웃기지 않냐? 그럼, 넌 나한테 왜 그
러는데! (이지혜에게 삿대질하며) 야, 난 너 도와준 거밖
에 없어! 빚 청산은 축하!

(수란은 자기 가방 챙겨서 지혜 집을 나간다. 무대 밖으로 수란
퇴장. 지혜, 자신에게 온 편지와 인형을 물끄러미 바라본다.)

이지혜 사랑?

(서서히 무대 조명이 어두워진다. 어둠 속에서 빔프로젝터를
통해 유흥주점을 배경으로 노래 〈찐이야〉, 요란한 노래방 소
리, 태양, 수란의 술 취한 모습이 보인다.)

진태양 (크게 웃으면서) 하하하. 나 진짜 사람도 죽일 수
있어!

신수란 (노래를 흥얼거리며) 찐찐찐 찐이야. 완전 찐이야.
어머머, 회장님. 그런 무서운 농담도 할 줄 아세요?

진태양 (혀 꼬였지만 정색하며) 껵, 농담 아닌데. 나, 진짜
사람 죽여 봤는데… 껵.

(마이크 에코 소리와 함께 왁자지껄 남자들이 웃는 소리. 은어

와 욕설. 퇴폐적인 음담패설. 점점 소리가 작아지면서 점차 조명이 밝아지고 빔프로젝터의 배경은 변호사의 모습이 나타난다. 무대 위에서 수란이 서서 핸드폰을 귀에 대고 있다.)

변호사 저번 녹음도 그렇고. 이것도요. 술 취해서 말한 횡령, 살인 등의 증거자료는 소송해도 무용지물입니다. 상대가 알코올 중독이나 심신미약으로 헛소리한 거라고 진술할 가능성이 커서요. 실제 증거가 없는 이상, 법정 구속 절대 불가입니다.

('뚝', 전화 끊는 소리가 난다. 핸드폰을 들고 있었던 수란의 손이 힘없이 공중으로 떨어진다.)

신수란 (결심한 듯) 끝까지 갈 거야!

(갑자기 누군가에게 전화를 건다.)

안내(E) 지금 거신 번호는 없는 번호입니다. 확인 후 다시 걸어 주세요.

(수란 다시 전화를 건다.)

안내(E) 지금 거신 번호는 없는 번호….

(수란이 뭔가 이상하다는 듯 고개를 갸우뚱거린다. 황급히 성형외과로 전화를 건다. 병원 홍보 멘트 등의 신호는 가지만 받지 않는다. 두 번 더 시도하지만 이내 받지 않자, 무대 밖으로 퇴장한다. 수란이 나가고 핸드폰 보면서 주위를 두리번거리며 등장하는 필승. 그 뒤로 다시 등장하는 수란. 필승을 뒤에서 지켜보다가 전화를 건다. 수란, 전화 받고 통화한다.)

장필승 수란 씨, 저 도착했는데요. 어디쯤 오고 계세요?

신수란 저 오늘 산부인과 가는 걸 깜빡 잊었어요.

장필승 같이 가자고 했잖아요.

신수란 검진은 혼자서도 다닐 수 있어요.

장필승 저 의사입니다. 몇 주 됐는지, 태동은 어떤지, 초음파를 직접 봐야….

신수란 (가로채며) 왜, 원장님께 말하지 않는 거죠?

장필승 생각할 시간을 주셔야죠.

신수란 (울먹이며) 무슨 생각이요? 뭘요? 병원 회식 날 필승 씨한테 제 친구 이야기했을 때, 끝까지 다 들어주시고. 행복했어요. 처음 병원에서 본 날, 따뜻하게 당신의 꿈을 꿔요라고 했던 그 말투. 그 눈빛 아직도 잊을 수 없다고요. 그래서 함께하고 싶어서 집으로 데리고 온 건데. 그런 건데….

장필승   제가 책임져야 할 일을 했다면 반드시 책임집니다. 다만, 제게도 생각할…. 술도 못 마시는데, 그날 분위기 맞추느라 소주 두세 잔 먹고 난 다음부터 기억이 나질 않아서요.

신수란   꼭 책임지세요! 전 유럽에 계시는 부모님께 이미 말씀드렸어요. 그리고 원장님께 말씀드리지 않으면 제가 말할게요. 내가 더 필승 씨를 사랑한다고!

('뚝', 전화 끊는 수란. 필승, 물끄러미 먼 곳 바라보는데 문자 메시지 알람음이 울린다. 메시지 읽는다.)

장필승   …. 이게 뭐지? 신수란이 너에게 한 짓을 알고 싶으면 여기로 찾아가 봐. 유 정신과, 유 산부인과?

(필승, 무대 밖으로 뛰면서 퇴장하면 무대 조명이 꺼진다. 어둠 속에서 승리와 유리의 대화하는 소리가 들린다.)

장승리(E)   보톡스는 근육을 축소하는 기능이라서. 일정량을 주입해야지 과다 주입 시 침샘 마비시켜 입이 마르고, 더 심할 경우 근육이 손실될 부작용이 있어.

홍유리(E)   아, 그렇구나.

(무대 조명이 켜지면, 빔프로젝터의 무대 배경으로 '모양 성형
외과'가 보이고 무대 위 데스크에서 승리와 유리가 분주하게
일하는 모습 보인다.)

장승리　유리 씨도 대학교 때 배웠고 이미 다 아는 거잖아.

홍유리　(푼수처럼 웃으면서) 하하하. 약물 강의 때 졸았거
　　든요. 그래서 간호조무사 나부랭이밖에 못된 거라, 항
　　상 신수란 간호사님께 배우는 자세로….

장승리　유리 씨가 왜 간호조무사 나부랭이야? 우리 병원
　　에 들어오고 나서 덕분에 매출이 더 늘어난 거 몰라? 그
　　리고 수란 씨 없어도 성실하게 1시간 전 출근에 야근까
　　지. 내가 참 인복 하나는 타고났어. 호호호.

홍유리　(동시에) 호호호.

(한창 웃고 있는 사이, 필승 힘없이 등장한다.)

장승리　트렌치코트에 수트 쫙 빼입고. 또 어딜 다녀오시
　　나? 면접? 아니면 근거 또 찾아옴?

장필승　(말없이 의자에 앉는다.) ….

장승리　야, 너 가을 타냐? 왜 이렇게 분위기 잡아?

(승리는 필승에게 가까이 다가가 필승의 등을 치며 장난친다.)

장승리   자앙 필!승!

장필승   (그 사이 필승은 데스크 위에서 먹다 남은 감자칩 봉투를 발견하고 화내며) 이거 누구거야?

장승리   그거 실장…

장필승   수란 씨 언제부터 병원 안 온 거야?

장승리   네가 그걸 알아서 뭐 하려고?

장필승   (갑자기 소리를 지르며) 아니, 언제부터 휴가 낸 거냐고!

장승리   (당황하며) 야, 너… 왜… 그래? (유리를 보며) 유리 씨, 20일 조금 넘었지?

홍유리   (달력을 보며) 정확히 28일 됐네요.

장승리   벌써? 한 달 정도 휴가 줬거든. 5년 동안 근무하면서 한 번도 휴가 없이 근무해서. 미안하게도 내가 너무 일을 많이 시켰어.

(이때, 필승에게 걸려온 전화. 유리, 승리와 거리를 둔 채 들리지 않게 전화를 받는다.)

장필승   그러니까, 그 여자가 다니는 정신과, 산부인과 담당 의사가 박 선배인 줄 누가 알았겠냐고. 선배가 정신과, 산부인과 둘 다 가능한 유일한 과탑이었잖아. 그래, 추워지면 감자칩 먹는 사람들, 우울증일 확률이 있어. 세로토닌 부족으로 탄수화물을 찾는 거니까![8] 그래서 말인데, 이렇게 되면 임신 몇 주지? (사이)

(핸드폰을 손으로 꽉 잡는 필승. 승리에게 다가간다.)

장필승   (진지하게) 있잖아, 누나. (유리를 향해) 유리 씨, 저 누나랑 할 얘기가 있어서 그러는데. 실례지만 자리 좀 비워 주실 수 있을까요? 잠시만요.
홍유리   아, 네….
장승리   너 오늘 이상하다.

(유리는 핸드폰을 데스크에 놓고 빠르게 무대 밖으로 퇴장한다.)

장승리   너, 뭐 사고 쳤지?
장필승   누나, 내가 묻는 말에 대답 잘해라. 이 병원 개원 하고 수란 씨가 직접 이력서 내서 면접 본 거야?

---

8) 겨울철에 감자칩과 같은 탄수화물이 풍부한 음식을 먹는 사람들은 '계절 우울증'을 앓고 있을 가능성이 있다. 이러한 환자들의 뇌는 세로토닌(serotonin)이 부족한 상태이며, 과자, 감자칩, 빵 등 탄수화물 식품을 선호하는 것은 세로토닌을 보충하려는 본능적인 행동으로 해석할 수 있다. 탄수화물이 세로토닌의 원료가 되는 특성을 활용하여 자연스럽게 이러한 음식을 섭취하게 되는 것이다.

장승리 어⋯. 내가 간호사 구인 홈페이지에 공고했고, 이
력서 받았지.

장필승 나 그 이력서 좀 볼 수 있을까?

장승리 이력서? 병원 이메일로 받았었는데. 이메일은 모
두 수란 씨가 관리할 걸?

장필승 그럼, 여기서 누나가 주입하는 약품들. 폐기는
누가 하고 있어?

장승리 그것도 수란 씨가 하지.

장필승 (버럭) 누나, 원장 맞아?

장승리 응, 내가 원장이지.

장필승 (거침없이 따지며) 근데 왜 수란 씨한테 맡기냐고!

장승리 (침착하게) 수란 씨가 이 병원 핵심 직원이니까. 내
비서나 마찬가지니까. 이메일 관리, 약품 폐기가 얼마나
중요한 건지, 원장인 내가 잘 아니까 직원이자 비서랑 공
유하는 거다. 내가 뭘 잘못했는데?

(이때, 등장하는 수란.)

신수란 원장님.

(필승, 수란을 보고 째려본다.)

장승리 (반가워하며) 이제 괜찮아진 거야? 갑자기 연락도 없이 웬일이야. 그동안 어떻게 지낸 거야?

신수란 네. 뭐, 보시다시피. 병원 전화가 안 되길래. 유리 씨도요.

장승리 그래서 직접 온 거야? 유리 씨는 핸드폰 잃어버렸다고 하던데…. 에이, 톡으로 보내지.

신수란 핸드폰을 잃어….

장필승 (가로채며) 오랜만이네요.

신수란 네, 안녕하세요.

장필승 저한테 할 말 있지 않아요?

신수란 네?

장승리 (필승의 등을 때리며) 너, 진짜 왜 그래! 애가 미쳤나 봐! 수란 씨, 애가 요즘에 면접 보느라 예민해서 그래. 그냥, 무시하는 게 좋….

장필승 ….

신수란 (입 다문 채 눈만 껌뻑껌뻑) ….

장승리 (화내며) 너 진짜 아픈 사람한테 왜 그래?

신수란 원장님, 저 필승 씨 아이 가졌어요. 첫눈에 반했거든요. 필승 씨, 사랑해요.

장승리 (어리둥절) …. 어? 응?

장필승 (기가 찬 듯) 하, 네, 14주더라고요.

(이때, 수란은 입덧한다.)

신수란 웩.

(승리는 수란을 심각하게 쳐다보고, 필승은 미소 짓는다. 무대 점점 어두워지면서, 핀 조명으로 태양, 대수를 비춘다.)

신대수 지… 진짜죠? 100억? 100억이라고?

진태양 그래, 신대수! 내 말만 잘 들으면, 당신 부인이 딸 년 앞으로 숨겨 놓은 100억, 다 당신 거야! 내가 그렇게 해 준다니까.

신대수 그… 그럼… 전 어떻게 해야….

진태양 네 딸 죽이면, 그 돈 네가 먹는 거지.

신대수 주… 죽….

진태양 (미친 듯이 웃으며) 하하하.

(잠시 암전, 수란의 울음소리와 함께 무대 조명이 밝아지면, 수란과 필승이 보인다.)

신수란 (울면서 매달린다.) 저 정말 필승 씨 사랑해요. 우리의 만남 운명적이었잖아요. 그리고 이 아이가 사랑의 증거잖아요. 내 사랑은 진실해요.

장필승 (매몰차게) 짝사랑도 사랑이라면, 사랑이겠죠? 그렇지만 제 사랑은 당신이 아닙니다.

신수란 거짓말하지 마세요.

장필승 난 누구처럼 사랑 가지고 거짓말하진 않아요. 당신의 진실이 뭔지. 말해 봐요.

신수란 당신의 아이라고요.

장필승 (허공에 주먹질하며) 어휴. 진짜! 당신이 지금 무슨 짓을 하고 있는지 알아?

신수란 사랑해요.

장필승 (소리치며) 약 가지고 장난치지 말라고!

신수란 (울부짖으며) 사랑이라고!

(잠시 암전된 상태에서 필승의 목소리가 들린다.)

장필승(E) 우리가 빈센트 반 고흐를 사랑할 수밖에 없는 이유는 그가 고된 인생을 살아가면서도 삶의 본질은 사랑이었다는 데 있습니다.

(무대의 조명이 밝아지면, 필승이 서서 프레젠테이션하는 모습이 보인다. 무대 배경에서 강의 자료로 고흐의 인물 사진을 보여 준다. 지혜는 의자에 앉아서 필승의 발표하는 모습을 바라보고 있다.)

장필승 (고흐의 사진을 가리키며) 지저분한 수염, 침울한 표정, 괴짜 같은 성격, 낮은 학력, 지독한 가난. 고흐를 보면 떠오르는 단어들입니다. 그 어떤 것도 여자들의 마음을 설레게 하는 매력이 하나도 없죠.

(빔프로젝터에 고흐가 테오에게 쓴 편지가 보인다.)

"사랑에 빠진다는 것은 얼마나 대단한 일이냐!
나는 사랑 없이는 살 수 없고,
살지 않을 것이고, 살아서도 안 된다.
나는 열정을 가진 남자이며 그러기에 여자가 필요하다.
그렇지 않으면 나는 얼어붙거나 돌로 변할 것이다."

장필승 고흐는 여러 번 사랑에 빠졌지만, 모두 불행하게 끝이 났습니다.

(이번에는 고흐의 대표 작품인 감자 먹는 사람들, 해바라기, 별이 빛나는 밤, 오베르의 교회 등을 보여 준다.)

장필승 그러나 자신이 추구하는 사랑을 독특한 방식으로 화폭에 담아내었고, 이렇게 명작을 만들어 냈습니다. 결국 사랑을 예술로 승화시킨 것이죠.

이지혜 그런데 고흐는 서른일곱 살에 권총 자살을 하지 않았나요? 그렇다면… 자신의 삶을 사랑하지 않았다는 걸로 보이는데….

장필승 아까 말한 고흐하면 연상되는 단어 중에 말하지 않은 것이 있는데요. 바로 창의성입니다. 창의성은 인간 뇌의 무한한 신경망을 형성하는 선택 작업을 통해 발휘되는 기능으로, 자기조절을 최소화하여 자기표현과 개성을 이끌어냅니다.[9] (고흐의 대표 작품들을 가리키며) 정신의학적 관점에서 이런 고흐의 예술작품들을 분석하면, 자살에 이르게 한 원인을 확인할 수 있습니다. 의학적 증거로 정확한 진단을 내리기는 충분하지 않지만, 현대의학에서는 기본적인 질환으로 양극성 장애, 즉 조울증에 근접하다는 학설과 연구 결과가 보고된 바 있습니다.[10]

이지혜 아, 그럼 그의 우울증과 조증이 예술정신으로 발현되었고, 그 당시 진단되지 않은 조울증으로 안타깝게 자살로 생을 마감한 것이네요.

장필승 그렇죠. 고흐의 조울증은 미치도록 예술을 사랑

9) Watagodakumbura, C., *Programming the Brain: Educational Neuroscience Perspective: Pedagogical Practices and Study Skills for Enhanced Learning and Metacognition,* United States of America: Independent, 2020.

10) Bogousslavsky, J., & Boller, F., 이대희 옮김, 『천재 예술가들의 신경질환』, 경기: 아름다운사람들, 2010, 193쪽 내용 참조.

한 천재 예술가의 질병이라고도 해석할 수 있어요.

정신병을 앓는 사람들이 반드시 사회적 물의나 범죄를 일으킨다고 생각하는데 그렇지 않습니다. 병을 통해 타인이나 사회에 피해를 준다면 큰 문제가 되겠지만요.

고흐는 누구보다 사랑을 중요하게 생각한 사람이었기에 그 열정적인 사랑을 작품에 아로새긴 것이죠.

이지혜　열정적인 사랑이라… 조금 다른 관점이지만, 남녀가 사랑을 할 때 남자는 인정받기를 원하고, 여자는 존중받기를 원해요. 그래서 남자는 낮이고 밤이고 늘 힘을 과시해서 여자를 정복하려는 본능이 있죠. 정작 사랑에 빠지면, 여자 앞에 순한 양이 되어 복종하잖아요.

장필승 학생, 남자의 그런 심리의 정체가 무엇인지 기말과제에 작성해 보세요. 다들 열정적인 사랑이라는 주제로 다음 주까지 제출하세요. 오늘 발표 꽤 인상적이었습니다. 그럼 여기까지 하죠.

(무대 배경에서 강의실 나가는 학생들 보이고, 필승은 지혜에게 다가가 옆자리에 앉는다.)

장필승　그래서 한약 복용은 중단했다는 거죠?

이지혜　네, 고마워요. 혹시 오늘 제가 식사 대접해도 되나요?

장필승 당연히 해야죠. 그런데 한약 남은 거 있어요?

이지혜 (갑자기 흐르는 눈물을 훔치며) 다 버렸어요. 움직이는 건 아직 불편하지만, 점점 나아지겠죠.

장필승 내가 그렇게 보여 달라고 신신당부했잖아요!

이지혜 (애써 웃으며) 저, 정말 괜찮아요. (손 움직이는 것 보여 주며) 이거 봐요.

장필승 똑똑한 척은 혼자 다 하더니….

이지혜 (회피하며) 제가 한약을 잘못 지었어요. 암튼 걱정해 줘서 고마워요. 오늘 식사….

장필승 왜 자꾸 그렇게 회피해요? 의심병 있는 당신이 그렇게 허술하게 한약을 지을 리 없어. 나 정신과 의사예요!

이지혜 난 심리학 가르치는 사람이에요!

장필승 첫 강의에서 내가 늦은 이유도 안 물어보고!

이지혜 (빤히 쳐다보면서) 저 바보 아니에요!

장필승 (버럭하며) 다가가면 항상 두 발자국 물러섰잖아요! 사랑에 좀 솔직해져 보라고.

이지혜 (더 버럭하며) 병신도 아니라고요!

장필승 바보. 병신이 아니라 용기가 없는 거겠죠. 자기 위로는 한 번도 해본 적 없어요? 세상에서 사랑을 제-일 잘 아는 사람처럼 말하면서, 정작 사랑에 머뭇거리는 당신 심리부터 고민해 봐요. 두고 봐, 당신은 나랑 사귀게 될 거니까!

(필승은 가방을 챙기더니 화난 걸음으로 무대 밖으로 퇴장한
다. 지혜는 누군가에게 전화를 건다.)

이지혜 전데요. 녹음 다 하셨다고요? 자, 그럼 이제 다음
단계로 가죠.

('뚝', 전화를 끊으면, 무대가 어두워지면서 Rachmaninoff의
⟨Piano Concerto No. 2 in c minor Op. 18⟩[11] 제1악장⟨Moderato⟩
무대에 흐른다. 묵직한 피아노 독주와 깊고 어두운 현악기 음
들이 조화롭게 무대 전체에 울려 퍼지면서 잠시 암전된다.)

---

11) Rachmaninoff, S., ⟨Piano Concerto No. 2 in c minor Op. 18⟩, Rhapsody
on a Theme of Paganini, 1901, RCA Victor.

제3막

제1장
영화 속 주인공처럼

(무대 조명이 밝아지면, 지혜는 거실에서 필승에게 전화를 걸고 있다. 시계는 오전 11시 40분을 가리키고 있다. 전화 연결음은 계속되지만, 필승은 받지 않는다. 몇 차례 더 시도한다. 받지 않자 카톡을 보내는 지혜. 카톡을 보냈지만, 답이 없는 필승. 핸드폰을 물끄러미 바라보고 있는 지혜. 그때, 필승에게 카톡이 오고 확인한다.)

이지혜 (놀라며) 지금 우리 집으로 온다고? 집도 완전 엉망인데….

(망설이고 있는데 필승에게 전화가 걸려온다. 빔프로젝터에서 필승의 모습이 보인다.)

장필승 주소 보내주세요.
이지혜 지… 지금요?
장필승 식사 대접한다면서요. 오늘 점심으로 하죠.

이지혜 (말문이 막혀) ….

장필승 난 김만 있어도 밥 잘 먹어요. 30분 안에 가니까
주소 보내요. 전 이만 끊습니다.

이지혜 저기요. (말을 더듬으며) 어… 여보.

장필승 듣기 좋네, 여보!

('뚝', 전화 끊는다. 지혜는 잠시 망설이더니 두 눈을 질끈 감고
필승에게 카톡으로 주소를 보낸다. 식탁에 핸드폰 올려 두고
주방을 왔다 갔다 한다. 아직은 근육이 돌아오지 않았는지 걷
는 것이 불편해 보인다. 식탁에 이것저것 음식을 분주하게 차
리기 시작한다. 갑자기 걸려 오는 필승의 전화 벨소리가 울리
면, 빔프로젝터에서 필승의 모습이 다시 보인다.)

이지혜 여보세요?

장필승 공주님, 또 진수성찬으로 차리고 있죠?

이지혜 아… 아뇨.

장필승 분명히 말했어요. 김만 있으면 된다고. 왕자님이
라고 해 봐요.

이지혜 그래도 식사 대접인데….

장필승 왕자님!

이지혜 와… 왕자님.

장필승 그래, 너… 너만 있으면 된다고. 기다리고 있어.

공주야.

('뚝', 전화 끊는다. 눈만 끔뻑끔뻑한 채 귀에 핸드폰 대고 있는 지혜.)

이지혜   … 고… 공주? 너… 너만 있으면 된다고?

(거울을 보고, 상기된 얼굴을 본다. 뭔가 부족한 느낌이 드는 지 립스틱을 바른다. 립스틱 옆에 놓인 향수를 물끄러미 바라 본다. 처음에는 자기 몸에 살짝 뿌리더니 좋은 향기가 나는지 거실 여기저기 뿌린다. 갑자기 전화 오는 지혜 핸드폰.)

장필승   공주님, 빨리빨리 전화 안 받아요?

이지혜   네? 아… 와… 왕자님.

장필승   공주! 지금 백마 타고 가는 중인데 목소리 듣고 싶 소이다.

이지혜   백마 탄 왕자님. 말에서 떨어지시면 어떡해요. 내 려와서 천천히 이야기하면 되잖아요.

장필승   안돼요. 10분 후 도착인데 그때까지 통화해요. 전 화 끊으면 바로 얼굴 볼 수 있으니까. 이게 공주와 왕자 가 사랑하는 방식이거든.

(미소 짓는 지혜. 무대 조명이 꺼지면, 수란 갑자기 입덧하는 소리가 계속 들린다. 조명이 밝아지면 빔프로젝터의 '모양 성형외과' 무대 배경과 승리, 수란, 유리 의자에 앉아서 대화를 나누고 있는 모습이 보인다.)

신수란   웩.

장승리   (빤히 수란을 쳐다보며) ….

신수란   (손으로 입을 가리며) 웩…. 웩….

홍유리   (안타까워하며) 어머, 실장님. 불편하시죠? 어떡해. (데스크로 가서 손수건을 가져오며) 이거라도 입에 대세요.

신수란   (수건으로 입을 가리며) 고… 고마워. 웩….

홍유리   어머 더 심해지고 있네요. 어쩜 좋아요.

장승리   (무표정으로) 언제부터야?

(수란의 입덧 소리도 유리와 수란은 승리의 말을 못 들었다.)

신수란   (계속 입덧하며) 웩.

장승리   (버럭) 언제부터냐고!

(승리의 큰 소리에 다들 놀라 승리를 쳐다본다.)

장승리   내 말 안 들려?

홍유리 (수란의 등을 쓰다듬어 주며) 위… 원장님. 실장님 지금 너…무 이… 입.

장승리 (말 가로막으며) 그래! 입덧 언제부터냐고.

신수란 (물을 마시고 목을 가다듬고) 음… 음….

장승리 대답하기 싫으면 안 해도 돼. 그럼 내가 말할게. 우리 필승이랑 뭐 그렇고 그랬다니, 다 이해하는데. 결국 임신해서 나한테 휴가 달라고 한 거잖아. 애 아빠가 필승이라는 건 솔직하게 말했어야지.

신수란 (고개 숙이고 있다) ….

장승리 난 수란 씨가 필승이 좋아해도 상관없었어.

신수란 ….

장승리 그렇지만 임신은 나한테 알렸어야 해.

신수란 ….

장승리 침묵은 금이다. 뭐 이런 컨셉인가?

신수란 (떨리는 목소리로) 필승 씨가 하지 말랬어요.

장승리 뭘? 임신했다는 거?

신수란 (울먹이며) 생각할 시간이 필요하다고. 저는 부모님께도 친구들한테 모두 다 말했어요. 저 정말 필승 씨 사랑해요.

장승리 필승이가 왜 그런 말을 했을까 하는 생각은 안 해 봤어? 다 이유가 있는 거야. 우리 필승이는 수란 씨를 안 사랑하니까.

신수란 (대성통곡하면서) 사랑한다고 했어요!

장승리 수란 씨 무슨 꿈 꿨어?

신수란 필승 씨가 처음 저를 본 날, 당신을 꿈꿔요라고 말했다고요!

장승리 (버럭) 야, 정신 차려! 너 혼자 망상 속에 빠져서 현실 직시가 전혀 안 되는 거 모르겠어?

(유리, 수란과 승리의 말싸움으로 번진 분위기를 수습한다.)

홍유리 아이고. 에-이 왜… 왜들 그러세요. (수란에게 다가가 등에 손 올리며) 실장님이 솔직하게 말씀하셔야….

신수란 (유리 손을 뿌리치며) 나부랭이 주제에.

장승리 (소리 지르며) 방금 뭐라고 했어? 뭐라고 했냐고!

홍유리 원장님, 괜찮아요. 진짜, 정말 전 괜찮아요.

장승리 아, 이거구나! 유리 씨한테 한 말, 간호조무사 나부랭이. 이제 알겠네.

신수란 오해라고요. 유리 씨가 입술 필러를 몰래 시술해서 제 선에서 해결하려고 했어요.

장승리 (분노하며) 뭘 좀 알고 말해!

신수란 네?

홍유리 (울면서) 그때도 말했잖아요. 저 필러 몰래 한 거 아니라고요! 왜, 제 말은 들어주지도 않으세요.

장승리 지가 필러를 몰래 하니까. 도둑이 제 발 저리는 거지.

홍유리 (데스크로 가더니 가방 안에서 진단서 가져오며) 이거 보세요! 저 다른 병원에서 필러 했다고요! 그때도 말했잖아요!

신수란 (유리와 승리를 번갈아 쳐다보며) ….

장승리 (유리 진단서를 수란의 얼굴에 보여 주며) 내 친구가 병원 오픈해서 유리 씨 첫 손님으로 보낸 거야! 테스트 겸! 필러하고 반응 어떤지 보려고! (수란 얼굴에 진단서를 던지며) 지혜 씨도 그만 좀 괴롭혀!

(승리, 무대 밖으로 퇴장한다.)

신수란 (바닥에 떨어진 진단서를 줍고 살펴보며) ….

홍유리 (눈물 훔치며) 누가 진짜 나부랭인지 네 눈으로 똑똑히 봐!

(유리, 무대 밖으로 퇴장하면 서서히 조명이 어두워진다. 지혜와 필승의 행복한 웃음소리가 들린다. 조명이 밝아지면, 빔프로젝터의 무대 배경으로 지혜 거실이 보이고 창밖은 어둠이 깔려 있다. 시계는 오후 7시를 가리키고 있다. 둘은 소파에 앉아서 한약을 보고 있다.)

장필승 (한약 봉지를 건네며) 이거 누가 지어 줬는지 말해
 줘요.

이지혜 친구요.

장필승 친구 누구?

이지혜 (머뭇거리며) ….

장필승 말할 때까지 나 집에 안 가요.

이지혜 고등학교 때부터 친한 친구가 있어요. 친군 성형
 외과 실장이에요. 저번에 잘 삐었을 때, 친구 일하는 병
 원 건물에 정형외과랑 한의원 둘 다 있다길래 간 김에….

장필승 직접 약 처방 받은 거예요?

이지혜 정형외과 가서 진료만 보고 한의원은 안 갔어요.
 친구가 한약 지어준다길래 택배로 받았고요.

장필승 이 한약 안에 졸피뎀을 갈아 넣었더라고요.

이지혜 네? 조… 졸피뎀이요?

장필승 정신과에서 불면증일 때 처방받는 약인데. 부작
 용으로 운동실조증이 있죠. 다량 복용 시 근육 움직임
 조절에 장애가 생겨요. (지혜 손잡으며) 내가 있으니까
 이제 괜찮아요.

(지혜, 필승의 손을 꽉 잡는다.)

장필승 (지혜 손깍지 끼며) 처음부터 이렇게 말 잘 들었으

면 얼마나 좋아.

이지혜 (부끄러운 듯) 처… 처음부터?

장필승 두 번째도 기억나지?

이지혜 기억나요.

장필승 이제 죽을 만큼 사랑할 용기가 생긴 거지?

이지혜 (고개 끄덕이며)

장필승 (가방 안에서 과제 꺼내며) 기말고사 미리 제출! 아무리 내가 지혜 씨 애인이라 해도.

이지혜 공과 사는 구분해서 점수 매길 거예요.

장필승 (가방 안에서 사탕 상자를 꺼내며) 선물!

이지혜 이게 뭐예요?

장필승 열어봐!

이지혜 (사탕 하나 꺼내서) 어머, 사탕이네. 근데 하트모양이네요.

장필승 (지혜를 안으며 장난친다.) 응, 네 눈 속에 반짝이는 하트모양처럼 빛나. 그리고 헤어 나올 수 없는 뫼비우스 띠처럼 영원히…

이지혜 (필승의 말을 자연스럽게 연결해서) 우리처럼 달콤한 사랑.

장필승 지혜 씨 보면 품어 주고 싶어. 삐악삐악 병아리 같아서. 내가 엄마 닭 해줄게.

이지혜 (안기며) 지혜 씨? 해줄게? 좀 친해졌다고 반말이

나 하고 말이야.

장필승 학교에서나 선생이지. 자자, 이제 필승 씨라고 불러 봐!

이지혜 (혀 내밀며) 메롱.

장필승 (웃으며) 메롱하니까 꽃뱀 같네.

이지혜 (팔뚝을 때리며) 떽!

장필승 (장난치며) 오, 화내니까 코 벌렁거리고 침도 튀기고. 돼지 같아.

이지혜 (째려보며 삐진다.) 쳇.

장필승 (볼을 꼬집으며) 꽃돼지 같다고. 으이구.

이지혜 (볼 잡으며) 아… 아파.

장필승 지혜는 성질부릴 때가 제일 예뻐. 꽃뱀, 꽃돼지, 완전 내 스타일.

이지혜 필승이도 완전 내 스타일.

장필승 (지혜에게 가까이 다가가며) ….

이지혜 (쭈뼛거리며 부끄러워한다.) ….

장필승 (지혜 볼에 뽀뽀한다.)

이지혜 (볼 잡으며) 어머.

장필승 이제 안 아프지?

(지혜, 필승에게 다가가 키스한다.)

이지혜　처음 봤을 때, 저 남자랑 키스하면 어떤 느낌일까? 상상했거든.

장필승　(포옹하며) 이제 해 줄게, 내가. 지켜 줄게.

이지혜　(새끼손가락 보여 주며) 약속해. 날 지켜 준다고.

장필승　(새끼손가락 걸며) 영원히 약속할게. 나랑 결혼해 줄래?

(현관문 비밀번호 누르는 소리. 수란이 무대 안으로 등장한다. 수란은 지혜와 필승이 함께 하는 모습을 보고 놀란다.)

이지혜　너, 이 시간에 웬일이야?

신수란　어머, 필승 씨.

장필승　네.

이지혜　둘이 알아요?

장필승　네, 아주 잘 알죠.

신수란　나랑 결혼할 사람이야. 내 남편. 어때? 내 러브 스 토리의 남자 주인공이야.

장필승　(지혜를 가리키며) 저랑 결혼할 사람이에요. 제 아 내고요. 어때요? 참고로 전 배우가 아니라 의사라 연기 를 못해요.

신수란　(버럭) 지금 뭐 하는 거예요?

장필승　사랑이요!

신수란 사랑?

이지혜 응, 사랑!

신수란 (기가 찬다는 듯) 하, 네가?

이지혜 네가 말했잖아. 용기 있는 여자는 침 발라 괜찮
은 남자를 채 간다며. 네가 준 한약 먹고 용기가 충만
해졌어.

장필승 방금 서로 입술에 침도 발랐는데.

신수란 나 필승 씨 아이 가졌어.

장필승 내 아이가 아니겠지.

이지혜 넌, 삼류 영화를 너무 봤어!

(지혜, 핸드폰으로 유리에게 전화를 건다. 필승도 어디론가 전
화를 건다. 무대 조명이 어두워진다.)

제2장
가장 낯선 비밀

(무대가 밝아지면, 빔프로젝터에서 '가장 낯선 비밀을 회상하다.'라는 문장이 나타난다. 이어서 '모양 성형외과'의 어두운 배경이 보인다. 병원은 퇴근했는지 아무도 없다. 무대 다른 공간에는 술에 취한 대수가 있다. 데스크에 앉아 수란이 심각한 표정으로 대수와 통화한다.)

신수란　왜 또! 나 돈 없다고 분명히 말했….

신대수　(비열하게 웃으면서) 우리 회장 사모님.

신수란　뭐야?

신대수　쩝. 아빠한텐 숨길 거 없어. 수란아, 넌 장한 내 딸이야!

신수란　무슨 말이야? 대체.

신대수　진태양 회장의 아기를 덜컥 임신하다니. 아들 딸 상관없이 진대박이라고 이름 지어야겠어. (노래 부르며) 찐, 찐, 찐 대-박이야!

신수란　(다그치며) 뭐냐고, 빨리 말해!

신대수　예전에 우리 딸내미 퇴근길 몰래 따라가다가 어떤 중년 남자를 만나서 임신, 돈 어쩌고저쩌고하길래. 심부름센터에 알아보니까 진태양 회장이더구먼. 그래서 이 아빠가! 회장실에 도청 장치 설치했지요.

신수란　(크게 소리치며) 아빠!

신대수　그래, 크게 안 불러도 호적에 네 아빠로 올라가 있어! 그 새끼한테 녹음기 들려줬더니 장인어른 하던데. 우리 딸내미 왜 다른 남자를 집안으로 불러서 임신한 것처럼 꾸몄어?

신수란　그 새끼가 그렇게 말해? 정신 차려, 아빠도 나도 도청당하고 있는 거라고!

신대수　꺽. 시키는 대로 하면 100억 준다던데.

신수란　어?

신대수　너 죽이라던데.

(잠시, 무대 조명이 꺼진다. 조명이 켜지면, '모양 성형외과'의 데스크에 앉아 무언가 생각하고 있는 유리가 보인다.)

홍유리　(고개를 갸우뚱거리며) 이상하다. 어디서 봤더라? … 얼굴이 낯익어. 분명 이름도 들었는데…. 이, 지혜. 이지, 혜. 이지혜. (핸드폰으로 검색하더니) 그래, 이… 이지호 회장 딸! 자살해서 뉴스 속보에도 나오고 그랬

111

잖아. 가족 전체가 매스컴 타고 엄청 유명했던….

신수란 (갑자기 등장해서) 유리 씨, 지금 업무 안 하고 뭐 하고 있어요?

홍유리 실장님 친구 분 JH 회장님 딸 맞죠? 어머, 대박이다. 저 JH 회장님 완전 존경하잖아요. 대학교 때 공부하면서 그분이 개발한 약이 너무 많아서 천재 아닌가 싶었는데. 그분 딸이 실장님 친구라니. 그리고 제가 실물로 봤다니. 진짜 대박 사건! 지혜 씨….

신수란 (정색하며) 그게 뭐?

홍유리 (놀라며) 네… 네?

신수란 (화내며) 오후 예약 손님들 차트 줘 봐요.

홍유리 아… 아직 정리를 안 했는데…. 오… 오늘은 필러 손님만 있어서.

신수란 거기에 유리 씨도 있겠지. 그래서 정리 안 한 거 아냐? (빈정대며) 아, 이번에도 혼자 필러 찔러 넣고 그래야 하니까!

홍유리 (울먹이며) 시… 실장님. 저번에 말씀드리려 했는데….

신수란 뭘 말해? 말해 봤자, 어차피 불법시술이잖아. 하기야 간호조무사 나부랭이 주제에, 그 짓밖에 할 줄 아는 게 없겠지.

홍유리 있잖아요. 워… 원장님께….

신수란 (버럭) 원장님! 뭐? 원장님한테 말씀드린다고 다 해결되는 줄 알아? 됐고. 나부랭이는 업무에나 신경 쓰세요.

(수란은 가방 휙 들고 밖으로 퇴장한다. 유리, 주체할 수 없이 눈물을 흘린다. 떠는 손으로 눈물을 훔치는데 병원으로 걸려 오는 전화. 급히 눈물을 닦고 전화를 받는다.)

홍유리 (침착하게) 모양 성형외괍니….

(누군가 목소리만 듣고 전화 '뚝' 끊는다.)

홍유리 흥.

(유리는 휴지를 찾아 눈 주위 닦고 코를 풀고 있는데 다시 걸려 오는 전화. 목을 가다듬고 다시 받는다. 무대 위 등장한 대수, 핀 조명에서 전화하는 모습이 보인다.)

홍유리 모양 성형외과입니다.
신대수 거기 신수란 실장님 있나요?
홍유리 지금 잠깐 외근 나가셨는데요. 용건 말씀해 주시면 메모 남겨 놓을게요.

신대수 나 신수란 아버지 되는 사람이올시다.

홍유리 (예의 바르게 고개를 숙이며) 아, 실장님 아버님 아
··· 안녕하세요.

신대수 아휴, 예의도 바르네. 내 딸년도 이렇게 고분고분
하게 전화를 처받으면 얼마나 좋아.

홍유리 네?

신대수 우리 딸이 엄마 실종되고 좀 방황해서 그렇지. 그
렇게 못된 얘가 아네요. 아이고.

홍유리 장난 전화하지 마세요. 실장님께서 부모님은 유럽
에 계신다고 하셨어요. 이만 끊겠습니다.

신대수 나 서울 토박인데? 태어날 때부터 지금까지 서울
에서 살고 있어. 그리고 맞은편 건물에서 다 보고 있지.

홍유리 뭐··· 뭐야 당신?

신대수 우리 딸이 임신해서. 그것도 회장님 아이를. 아주
귀한 몸이니까 옆에서 그거 뭐냐. 그래, 케··· 케어 좀 잘
해 줘. 성격이 워낙 까칠한 애라. 내가 요즘 아주 살맛 나.
으흐흐.

(유리, 장난 전화라는 생각에 황급히 끊는다. 대수는 무대 밖
으로 퇴장한다. 다시 업무에 집중하려고 컴퓨터 하려는데 부
팅이 되지 않는다.)

홍유리 어? 이거 왜 이러지? (뭔가 생각난 듯) 아, 노트북으로 해야겠다.

(유리, 데스크에서 노트북을 찾아 부팅한다. 시스템 시작 소리가 나고 업무를 하려는데, 폴더 하나를 발견하고 마우스를 클릭한다.)

홍유리 이게 뭐지? 무슨 사진이 이렇게 많아?

(한참을 마우스로 클릭하면서 보더니 입을 틀어막으며 놀란 유리. 이때, 걸려 오는 전화. 대수인 것 같아 전화 받지 않고 무시하는 유리. 전화벨소리 계속 울린다. 유리는 노트북을 들고 잠시 무대 밖으로 퇴장한다. 이때, 필승 등장한다.)

장필승 음… 아무도 없나?

(그러더니, 승리를 찾으러 원장실로 들어간다. 핸드폰 만지작거리면서 절룩거리는 다리로 무대 안으로 들어오는 지혜.)

이지혜 아… 아무도 없네. 하, 수란이도 전화 안 받고, 한 의원 전화도 없는 번호라고 하고….

(지혜 다리가 불편한지 의자로 다가가 힘겹게 앉는다. 갑자기
울리는 병원 전화벨. 안 받자 다시 울리는 전화벨. 안 되겠는지
지혜 일어나 데스크 쪽으로 가서 전화 받는다. 무대 위 태양이
등장하고, 전화하는 모습이 보인다.)

진태양 다리 왜 그렇게 됐는지 궁금하지?

이지혜 네?

진태양 네 다리. 병신 되고 있잖아. 병신 만들어서 장필
승하고 못 만나게 해야 하거든.

이지혜 누⋯ 누구세요? 여기 모양 성형외과인데⋯. 잘⋯
못 거신⋯.

진태양 네 다리 그렇게 만든 거 신수란이야. 신수란 엄마,
이정란이 네 아빠를 죽인 살인자거든. 애미나 딸년이나
그 모양 그 꼴이네.

('뚝', 태양이 전화를 끊고 무대 밖으로 퇴장한다. 지혜는 아무
말 못 하고 어이없는지 허공만 쳐다보는데 마침 유리가 노트
북을 들고 등장한다.)

홍유리 어머, 지혜 씨 안녕하세요. 안 그래도 저 지혜 씨
뵙고 싶었는데. 이지호 회장님 따님 맞죠? 저 고등학교
때 JH 회사 들어가는 게 꿈이었잖아요. 회장님을 너무

존경했잖아요.

이지혜 아, 네… 가… 감사합니다. (고개 숙여 인사하려는데 중심 못 잡고 넘어진다.) 아이코.

홍유리 (부축하며) 제 손을 잡으세요.

이지혜 감사합니다. 혹시 실장님 바쁘신가요? 연락이 안되길래 찾아왔어요. 이 건물에 한의원 있잖아요.

홍유리 무슨 한의원이요?

이지혜 네? 어… 그러니까. (가방 안에서 한약 꺼내는 데 손이 떨리는지 소지품, 핸드폰, 한약이 바닥에 쏟아진다.) 이한약. 이거. 수란이가 지어준 건데….

홍유리 이 건물에 한의원 없어요. (바닥에 떨어진 것 주우면서) 우선 좀 치울게요.

이지혜 (갑자기 두 눈 동그랗게 뜨면서 유리에게 말한다.) 저번에 나한테 필러, 보톡스 권했죠? 보톡스는 근육 축소되는 거 맞죠? 그거 계속 맞으면 어떻게 되는 거에요? 네? 네?

홍유리 네? 지… 지…혜 씨. 진…정하시고 천천히 알아듣게 말씀해 보세요.

이지혜 (울면서) 그거 계속 맞으면 어떻게 되냐고요!

홍유리 (떨리는 목소리로) 부… 부…위별로 정해진 주입량이 있어서요. 너무 많이 넣으면 부작용 생기고, 적게 넣으면 효과 없고요. 그리고 보톡스도 국내냐 국외냐에 따라 다른데. 보통 1회 맞으면 3-4주부터 효과 보고 6개월까지 근육 축소가 지속되거든요. 근데 왜요? 저번에 관심 없다고 하셨잖아요.

이지혜　(눈물 훔치며) 적은 양을 주기적으로 맞으면요?

홍유리　(놀라며) 지혜 씨, 보톡스 맞으셨어요? 어디 맞았는데요? 누구한테요?

(지혜, 미친 듯이 대성통곡하며 울기 시작한다.)

홍유리　…. (사이) 실장님이죠? 실장님이 놨죠?

(유리, 한약 봉지를 지혜에게 내밀며 말한다.)

홍유리　이것도요. 이것도 실장님이….

(지혜, 한약 봉지를 바닥에 던진다. 눈물을 훔치고 가방 챙겨 나가려는 지혜를 유리가 붙잡는다.)

홍유리　지혜 씨! 이지호 회장님은 제게 대학교 전액 장학금을 주신 분이세요.

이지혜　(눈물 닦으며) ….

홍유리　저, 사실 언청이였거든요. 회장님이 안면기형 환

자들한테 수술금도 지원하고 장학금도 주시고 그랬잖
아요. 제가 첫 회 수혜자예요.

이지혜 (놀라며) 네?

홍유리 전 입술 근육 때문에 주기적으로 필러, 보톡스를
맞아야 해요. 지혜 씨가 심리학 박사라면 전 보톡스 박
사예요. 이지호 회장님 덕분에 편안하게 공부 많이 했
거든요. 꼭 은혜를 갚고 싶었는데. 드디어 기회가 왔네
요.

이지혜 아까 병원으로 어떤 남자가 전화했어요. 내 발 이
렇게 만든 사람이 수란이라고….

(유리, 갑자기 수란에게 전화를 건다.)

신수란(E) 왜?

홍유리 일하다가 궁금한 게 있어서요.

신수란(E) 뭔데?

홍유리 병원 노트북에 이상한 문서가 저장되어 있어서
요… 용량이 초과하는데 지울까요?

신수란(E) 지우지 마!

홍유리 왜요?

신수란(E) 왜라니? 내가 지우지 말라고 하면….

홍유리 (비웃으며) 신수란! 도대체 이 사진들 어디서 났어?

장필승 ….

(필승은 원장실에서 나오고, 지혜는 노트북을 바라보면서 무
대 조명이 꺼진다.)

제3장

흰나비, 하늘을 날다.

(무대 조명이 밝아지면, '모양 성형외과' 데스크 보이고 수란은 태양에게 전화를 걸고 있다. 전화를 받지 않는지 음성 메시지를 남긴다.)

안내(E) 연결이 되지 않아 소리샘으로 연결됩니다.

신수란 야 이 새끼야! 네가 날 죽인다고? 하기야 너 사람 죽여 봤다고 했지? 너 횡령에 살인 협박까지 내가 경찰에다가 싹 다 불 거야! 내가 죽기 전에 너부터 죽일 거라고!

(수란은 전화를 끊고, 병원에 있는 노트북을 찾아 부팅한다. 가방 안에서 USB를 꺼내 노트북에 끼운다. 태양의 녹음 파일을 들으며 수란의 목소리는 삭제하는 등 일부 편집한다.)

신수란 100억 필요 없어, 이 개새끼야!

(수란은 키보드 치면서 동시에 말한다.)

신수란 경찰청 홈페이지에 녹음 파일, 제보할 거야. 익명
으로. 네가 뭔데 날 죽여?

(수란, 대수에게 전화를 걸기 시작하면 무대 조명이 어두워진
다. 조명이 밝아지면, 술집에서 대수가 마담과 대화를 나누며
마른오징어, 맥주 먹는다. 마담은 뚱뚱한 체구의 남자에서 여
자로 성전환한 트랜스젠더처럼 보인다.)

마담 그, 지… 진태양 회장이 당신 사위가 된다고? (술잔
내려놓으며) 어머머, 이게 무슨 운명이야.

신대수 운명이지. 하하하. (맥주병 채 술 마시며) 내 꿈이
었거든. 건물꼭대기에서 돈을 뿌려 보고 싶었어. 내 딸
년이 제 어미 닮아서 (손으로 머리 가리키며) 요 잔머리
가 자~알 굴러가요. 하하하. 아비로서 해준 게 아무것도
없어서. 미안했는데. 내가 오늘 뒈져도 여한이 없어. 아
이씨, 기분이다. 오늘 맥주 다 가져와!

마담 (혀 짧은 소리로 애교 떨면서) 어머머, 자기야. 죽지 마.
오늘 맥주 이거밖에 없단 말이야. 돈으로 주면 안 될까?

신대수 (오징어 씹으며) 세상엔 공짜 없다, 너!

마담 이거 비밀인데…. (귀에 대고 속삭인다.)

신대수 (오징어 씹다가 큰 소리로) 진태양이 사람을 죽였다고?

마담 (속삭이며) 쉬-잇. (등을 때리며) 비밀이랬잖아.

신대수 (오징어 내려놓으며) 야, 너 이거 어디서 들었어?

마담 (대수 오징어 집어 들고 잘근잘근 씹으면서) 찐이 우리 술집 VIP잖아. 노래도 찐찐찐만 부르고. 우리 집 에이스가 듣고 녹음도 했다잖아! 이쁜이가 경찰에 확 불려고 했는데, 술 취해서 나불대는 건 구속 아니라며. 법이 뭣 같아!

나랏밥 처먹는 인간들이 손모가지로 글 쓰고 머리 터지게 공부하면 뭐 해? 발모가지로 법을 만들었는데, 뭘⋯ 취중진담! 술 마시고 말하는 게 진짜잖아. 찐!

신대수 (웃으며) 씹새끼랑 찐 운명이네. (갑자기 일어나더니 무대 밖으로 퇴장한다.)

마담 (성질내며 오징어 던지며) 어디가? 자기야! 돈이나 주고 가! 외상값 밀렸어!

(무대 조명이 점점 어두워지면, 무대 위 수란 등장하고 핀 조명으로 수란을 비춘다. 빔프로젝터에는 집에 있는 대수의 모습이 나타난다.)

신수란 난데. 이제 그 새끼한테 연락 오면 씹어. 받지 말라고!

신대수 아이고. 우리 딸. 역시 우린 통해.

신수란 어? 무슨 말이야?

신대수 엄마 시체 찾았어. (환호성 지르며) 100억!

신수란 알아듣게 말해.

신대수 진태양이 엄마 시체 찾아오면 100억 준다고 협박
하길래. 1억 대출받아 심부름센터 찾아가서 뒷조사했
지. 우리 수란이가 제대로 물었어. 진태양 그 새끼 살인
마야. 한 명도 아니고 두 명을 그것도 여자, 남자 다 죽
였어. 진태양은 이제 너한테 꼼짝 못 해. 평생 우리 수
란이 돈노예로 살게 할 거야. 아빠 잘했지?

신수란 (심각하게) …. 엄마 시체는?

신대수 도청하는데 진태양이 자꾸 중국말로 씨불이길래.
심부름센터 사장이 듣더니. 으흐흐. 며칠 후에 중국 가
서 엄마 시체 찾았다고 하더라. (자기 볼 꼬집으며) 이게
꿈이야 생시야?

신수란 그래서?

신대수 시체비로 오억 요구하길래. 네 이름 대고 사채 끌
어서 시체 받았지. 우리 집에 있어. 세상에 기술이 참
좋아졌어. 으흐흐. 조금만 썩었지 고대로야. (소리치며)
너, 누구야?

(갑자기 대수 집안으로 누군가 들어오는 소리, 전화기 바닥에 떨어지는 소리와 함께 누군가 칼, 둔기 등으로 때리는 둔탁한 소리가 난다. 빔프로젝터를 통해 검은색 옷을 입은 의문의 남자가 나타나고 대수, 고통 속에서 울부짖으며 비명을 지른다.)

신대수 아-악. 흐흑.

남자 돈에 환장한 사람들끼리 오-붓하게 구천을 떠돌아 보
시지요. 흐흐흐.

신수란 (울부짖으며 소리친다.) 아빠!··· 흐흐흑.

(Bolcom의 〈Graceful Ghost Rag〉[12]의 바이올린과 피아노의 현악기가 한데 어울려 구슬프게 흐른다. 바이올린 줄을 튕기는 음은 대수와 수란의 울음, 남자의 잔혹한 웃음과 뒤섞인다. 빔프로젝터에는 바닷속 고래 두 마리가 처참히 죽어 가는 모습이 보인다. 어느새 바닷물은 피로 가득하고, 고래는 붉은색으로 뒤덮인다. 소용돌이 치는 물결이 무섭게 느껴진다. 무대 조명 서서히 어두워지면서 음악 소리가 작아지고 라디오 아나운서의 음성이 들린다.)

라디오 아나운서(E)   윌리엄 볼콤의 〈Graceful Ghost Rag〉,

---

12)   Fain, T., & Wang, P.-Y., 〈Bolcom: Graceful Ghost Rag〉, Cheerful Violin
& Piano, 2020, Bridge Records.

작곡가 볼콤이 돌아가신 아버지를 그리워하면서 만든 곡이죠. 찬란한 우울과 슬픔이 고스란히 전해지는 바이올린 선율이….

(무대 위, 어둠 속에서 라디오 주파수를 맞추며 지지직 거리는 소리와 함께 뉴스 속보 나온다. 빔프로젝터에는 뉴스 아나운서가 보인다.)

뉴스 아나운서 뉴스 속보입니다. 37살로 추정되는 여성 변사체와 여성의 남편이 집안에서 살해된 채 발견되면서 이십 년 전 자살로 생을 마감한 JH 제약회사 이지호 회장의 죽음의 진실이 밝혀졌습니다. 경찰 조사에서 여성 변사체의 신원이 TH 제약회사 진태양 회장의 내연녀였고, 이지호 회장의 살해 공범이었으며 살해 동기 및 과정 일체를 알고 있다는 이유로 내연녀를 살해한 것으로 확인했습니다.
TH 제약회사 진태양 회장의 횡령 및 살인 혐의가 입증되면서 JH 제약회사 이지호 회장의 자살 아닌 타살로 보고 검찰은 진 회장에게 구속 영장을 청구했습니다. 한편 검찰은 익명 제보자가 이 사건과 연관이 있는 그것으로 보고 IP를 추적하고 있습니다.

(빔프로젝터에는 붉은 노을에 반사된 수면 위로 흰색 나비 한 마리가 하늘을 향해 훨훨 힘차게 날아간다. Bolcom의 〈Graceful Ghost Rag〉 음악이 점점 커진다. 무대 조명이 어두워지면 흰색 나비 한 마리가 작은 점이 되어 이내 빔프로젝터에서 사라진다. 음악 소리도 함께 멀어진다.)

제4막

제1장
교통정리

(무대가 밝아지면, 빔프로젝터에 지혜의 거실이 보이고 무대 위지혜, 필승, 수란이 서 있다. 지혜, 수란 앞으로 한약을 던진다.)

이지혜 친구야, 고맙다. 이거 덕분에 필승 씨와 사랑을 확인할 수 있었어.

신수란 너, 잘 생각하고 말해!

이지혜 수천 번, 수만 번 생각하고 또 생각했지. 졸피뎀 갈아서 넣은 약 주고 치료제랍시고 발에 보톡스 꾸준히 놔주고. 네가 나한테 왜 그럴까? 답은 하나더라.

장필승 선생님하고 나랑 사이 갈라놓으려고 했겠지. 계획적으로 그날 밤 나한테도 졸피뎀 먹인 거겠지!

이지혜 야, 네 청첩장 구경이나 해 보자.

신수란 지금 둘이 저한테 뭐 하는 거예요? 졸피뎀은 뭐고, 보톡스라뇨? 모바일 청첩장 나오면 보내 줄게.

장필승 저번에 분명히 말할 기회를 줬는데….

신수란 사랑한다고 했잖아요. 나, 필승 씨랑 결혼해.

130

장필승 (소리치며) 유 정신과에서 졸피뎀 처방받았잖아. 병원에서 보톡스 빼돌리고. 더 말해 줘?

신수란 지금도 사랑하고 앞으로도 사랑할 거예요.

이지혜 불쌍한 신부네. 신랑 없이 혼자서 결혼하고. 나는 필승 씨한테 프로포즈 받았거든? 우리 결혼할 거야. 처음부터 사랑이었거든!

신수란 이지혜, 거짓말하지 마!

장필승 당신은 사랑하는 방식 자체가 틀렸어.

신수란 당신을 사랑한다고요. 내가 이 신수란이, 당신의 아이를 가졌다고요. 16주 됐대요.

장필승 거짓말! 이제 16주 차에 접어든 당신 아이가 어째서 내 아이라는 거지? 한 달 전 성관계로 임신이 되었다면 6주이고, 당신 말대로 잠자리를 가지고 나서 바로 임신했다면 12주 차에 접어들어야 하거든! 내가 당신 집에 가서 졸피뎀 먹은 날이 정확히 두 달 전이니까.

이지혜 (수란 앞으로 복사된 초음파 사진 보여 주며) 그래도 명색이 간호사인데, 계산 똑바로 해야지? 16주 차, 상상 임신!

장필승 생리 불순, 우울증, 불면증으로 병원 다닌 게 16주 차! (어이없다는 듯) 하아… 이 사진은 어디서 훔쳤을까?

신수란 (억울한 듯) 도대체 나한테 왜들 이래요. (울면서 지혜의 손에 있는 사진을 힘껏 뺏어 들며) 보세요, 우리 아기라고요. 필승 씨가 산부인과 같이 가자고 했잖아요?

장필승 이제 같이 갈 필요가 없어졌어. 누가 친절하게 유산부인과, 유 정신과 가 보라고 문자를 보내주더라고. 박 원장이 학교 선배거든. 최근 진료가 어제인데, 삼자대면 좀 해 볼까?

신수란 하, 홍유리! 좀 혼낸 거 가지고 이런 식으로 나한테 복수하겠다는 건가?

(이때, 울리는 초인종 소리. 그리고 유리 목소리.)

홍유리(E) 저예요. 문 열어 주세요.

(필승, 문 열어 주려고 나간다. 곧 거실로 가방 든 유리가 들어온다.)

신수란 (한숨 쉬며) 아휴, 법만 아니면 이걸 진짜!

홍유리 법만 아니면 때리시겠다? 하기야, 이십 년 지기 친구도 앉은뱅이 만들려고 했는데. 나 같은 나부랭이는 한 주먹이겠죠. 안 그래요?

신수란 (필승 눈치를 보며) 우리 나가서 말해요.

홍유리 아니요. 여기서 말해요. 먼저 나한테 할 말 있지 않아요?

신수란　유리 씨가 나한테 할 말 많은 거 같아서. 들어 주
　　려고….

홍유리　네, 그럼 저부터 말하죠. (수란 앞으로 피 묻고 바
　　늘 꽂힌 인형과 편지들 던진다.)

신수란　(미소 지으며) 실토하려고?

(유리, 준비한 녹음기를 튼다. 병원에 걸려온 전화, 대수 목소
리가 들린다.)

신대수(E)　우리 딸이 임신해서. 그것도 회장님 아이를. 아
　　주 귀한 몸이니까 옆에서 그거 뭐냐. 그래, 케… 케어 좀
　　잘해 줘. 성격이 워낙 까칠한 애라. 내가 요즘 아주 살맛
　　나. 으흐흐.

신수란　우리 아빠 유럽에 계신다고 말하지 않았어요?

(유리, 다시 녹음기를 켠다.)

홍유리(E)　장난 전화하지 마세요. 실장님께서 부모님은
　　유럽에 계신다고 하셨어요. 이만, 끊겠습니다.

신대수(E)　나 서울 토박인데? 태어날 때부터 지금까지 서
　　울에서 살고 있어. 그리고 맞은편 건물에서 다 보고 있
　　지.

신수란 우리 아빠라는 걸 어떻게 확신해?

홍유리 (녹음기 끄며) 병원 전화기에 찍힌 번호로 걸어서 네 아버지한테 도와주겠다고 했지. 그랬더니 네 아기한테 100억 걸려 있다고 말씀하시길래, 너처럼 장난 좀 쳤지. 그 돈 이미 네가 친구네 집에 숨겨 놨다고 하니까.

이지혜 우리 집으로 직접 오시던데?

(지혜, 수란 앞으로 인형과 편지 던진다.)

신수란 우리 엄마가 왜 살인자야?

(지혜, 녹음기를 켠다.)

진태양(E) 네 다리 그렇게 만든 거 신수란이야. 신수란 엄마, 이정란이 네 아빠를 죽인 살인자거든. 애미나 딸년이나 그 모양 그 꼴이네.

신수란 (울면서) 필승 씨, 이거 다 모함이에요. 제가 그때 말한 질투 심한 친구 있죠. (지혜 가리키며) 그게 바로 얘예요. 질투가 이렇게 열등감으로 변하고…. 정말 무서워요. (바닥에 앉아 서럽게 운다.) 다들 저한테 왜 이러는 거예요. 나…한테에… (훌쩍이며) 할 말 없으니까 이제 나갈게요.

홍유리 (가방 안에서 인쇄된 수란의 가족사진을 던진다.) 어
다다 대고 나부랭이래. 가짜 인생 주제에. 입만 열면 거
짓말 때문에 온통 구린내가 나! 도대체 너한테 진짜가
있긴 한 거야?

장필승 (수란에게 퍼붓는다.) 이정란! 미친 듯이 찾고 싶었
어. 이정란을!

(수란, 울면서 바닥에 흩어진 엄마, 아빠 가족사진들 가슴에 끌
어모은다.)

신수란 엄마아…. 아빠….

(지혜, 바닥에 주저앉아 울부짖는다.)

이지혜 아빠아….

(이때, 필승에게 전화가 걸려온다. 빔프로젝터에는 검사가 필
승, 지혜, 수란의 모습을 지켜보고 있다.)

장필승 다 보셨죠? 이 여자 연극성 성격장애[13]입니다.

---

13) 연극성 성격장애(histrionic personality disorder)는 DSM-5에서 B급 성격
장애로 분류되는 정신질환이다. 이 장애의 주요 특징은 과도한 감정 표
현과 타인의 관심을 끌기 위해 지나치게 노력한다. 성인기 초기부터 시

검사 (감탄하며) 와, CCTV 화질이 무척 좋네요. 자백부터 진단, 그리고 보호자 신대수의 정신병동 입원 동의[14]까지. 이 정도면 충분합니다. 수고 많으셨어요.

(지혜, 수란의 엄마, 아빠 부르는 울음소리 뒤섞이고 무대의 어둠 속에서 앰뷸런스 효과음이 들린다. 무대 전체에 MIKA의 〈Happy Ending(Orchestra Version)〉[15]이 웅장하게 울려 퍼진다. 밝은 멜로디 속 절망적인 가사는 마치 지혜, 수란, 필승의 마음을 대변하는 듯하다.)

No hope, no love, no glory

희망도, 사랑도, 영광도 없고

작되며, 다음 5가지(또는 그 이상)의 기준을 충족해야 한다. 1. 자신이 관심의 중심에 있지 않는 상황을 불편해함 2. 다른 사람들과의 상호작용은 종종 부적절한 성적 유혹이나 도발적인 행동으로 특징지어짐 3. 감정 표현이 피상적이고 빠르게 변함 4. 지속적으로 신체적 외모를 이용하여 자신에게 관심을 유도함 5. 지나치게 인상적이면서 세밀함이 결여된 언어 스타일 6. 자기극화, 연극성, 그리고 과장된 감정의 표현 7. 피암시적임(즉, 다른 사람이나 상황에 쉽게 영향을 받음) 8. 관계를 실제보다 더 가까운 것으로 간주함. American Psychiatric Association(APA), 권준수 옮김,『DSM-5-TR 간편 정신질환진단통계편람』, 서울: 학지사, 2024, 355-356쪽 내용 참조.

14) DSM-5에 포함된 정신질환의 진단 및 진단 정보를 적절히 사용하면 법적 의사결정자들의 결정에 도움을 제공할 수 있다. 위의 책, 80쪽 내용 참조.

15) 이 곡의 멜로디와 리듬은 밝고 경쾌하지만, 가사에는 사랑, 우정, 이별, 갈등 등 감성적인 소재를 바탕으로 희망과 절망의 요소를 모두 담고 있다. 그래서 듣는 이로 하여금 기분과 감정에 따라 희극적이거나 비극적인 효과를 자아낸다. MIKA, 〈Happy Ending(Orchestra Version)〉, No Place In Heaven(Special Edition), 2015, Universal Music.

No happy ending

행복한 결말도 없어요

This is the way that we love

이것이 우리가 사랑하는 방식이죠

Like its forever

영원할 것만 같이

Then live the rest of our life

그리고 남은 인생을 살아야 하지만

Bur not together

함께는 아니죠.

제2장

숙명

(노래 ⟨Happy Ending(Orchestra Version)⟩이 점차 작아지면, 빔프로젝터에는 정신병동 접견실이 보이고, 무대 위에는 환자복을 입은 수란과 지혜가 대화 나누고 있다. 수란은 폐인이 된 듯 수척하다. 지혜, 가만히 바라보다가 힘겹게 입을 뗀다.)

이지혜 (측은지심으로) 이…게 네가 사랑하는 방식이야?

신수란 이게 내가 사랑하는 방식이야. 제목은 진실한 사랑. 내가 주인공인 러브 스토리. 상대 배우는 필승 씨. 그리고 넌!

이지혜 난 작가, 연출이지. 앨비스 프레슬리의 ⟨Can't Help Falling in Love⟩[16]의 노래 가사처럼 근사한 러브 스토리

---

16) 이 곡은 사랑에 빠진 남녀의 감정을 섬세하게 표현하는 앨비스의 대표적인 사랑의 발라드이다. 앨비스는 "나는 너를 사랑할 수밖에 없어. 그건 내가 어떻게 할 수 있는 일이 아니야."라는 가사처럼 멈출 수 없는 사랑에 대한 열정을 노래로 담아 로맨틱한 분위기를 전달한다. 2005년 미국 브로드웨이에서 초연된 뮤지컬 ⟨All Shook Up⟩에 등장하며, 앨비스의 음악을 바탕으로 사랑에 대한 감동적인 이야기를 관객들에게 선사한다. Presley, E., ⟨Can't Help Falling in Love⟩, Blue Hawaii, 1961, RCA Victor.

에서 행복한 결말을 맞이하는 아름다운 주인공이 네가
될 수 있었어.

신수란　예술가 납셨네. 주접, 꼴값 다 떨고 있어. (소리치
며) 네까짓 게 뭔데 된다 만다야? 병신 같은 년이 왜 날
가르쳐 드냐고. 필승 씨만 알아. 내 진심을. 내 사랑을.
난 내가 갖고 싶은 건 다 가졌었거든! 네가 선물로 준
샤프까지도. 똑같이 망했는데. 여유 있는 척 선물이라
고 했던 네 아가리, 정말 구질구질하고 역겨웠거든.

이지혜　네 사랑의 모양이 참 무섭다.

신수란　네 모양은 참 우스워. 그것도 모양이라고? 갈기갈
기 찢어 버리기 전에, 아는 척 좀 그만해!

이지혜　(단호하게) 알아도 모르는 척한 거지!

신수란　야, 이건 모르지? 필승 씨는 처음으로 내 심장을
요동치게 한 사람이었어. 네가 아니라 내가 먼저였거
든? (비웃으며) 운명이라고!

이지혜　(고개를 저으며) 아니, 나보다 내 심장이 먼저 뛰었
어. 우린 운명의 수레바퀴가 영원히 돌고 도는 숙명[17]이
거든….

---

17)　고대 그리스의 사람들은 인간의 생명을 '숙명(fates)'이라 불리는 여신들
이 쥐고 있는 가느다란 실에 비유하였다. 이 실은 잣고, 재고, 자르는 과
정을 통해 각 개인의 운명을 결정하는 상징적인 의미를 지닌다. 숙명은
인간의 삶을 지배하는 힘으로, 각자의 운명과 생명이 어떻게 얽혀 있는
지를 드러낸다. 승현준, 신영규 옮김, 『커넥톰, 뇌의 지도』, 경기: 김영사,
2014, 175쪽 내용 참조.

(에필로그, 거리의 차와 사람이 다니는 소음 소리가 한참 흐르더니 빔프로젝터의 무대 배경에 혼잡한 출근길 보인다. 1장과 같은 의상의 지혜와 필승. 이어폰 귀에 꽂고 음악 들으며 걷고 있는 지혜. 무대 위, XIA(김준수)의 〈돌고 돌아도〉[18] 인트로(Intro)가 잔잔하게 흐른다. 그의 애절하고 감미로운 목소리와 서정적인 가사, 그리고 부드러운 멜로디는 듣는 이의 마음속에 사랑과 운명의 깊이가 서서히 스며드는 듯 퍼진다.

따스히 드리운 햇살에 너를 그려본다
스치듯 불어온 바람에 너를 느껴본다
익숙한 향기에 이끌려 난 지금 어디론가
바람이 멈춘 그 자리에 그곳에 서 있는 너
처음 만난 그날 운명처럼
그대란 걸 난 알았죠
길고 긴 시간을 돌고 돌아와
그댈 다시 찾은 거죠.

이때, 걷고 있는 필승과 어깨를 부딪친다. 손에 든 책에서 흘러나온 책갈피. 지혜, 바닥에 떨어진 책만 줍고 일어서서 다시 걷

---

18) 이 곡은 대한민국 뮤지컬 배우이자 가수 XIA(김준수)의 허스키하면서도
     청아한 보이스와 동양풍의 멜로디가 조화롭게 어우러지며, 극의 마무리
     에서 사랑과 운명을 품위 있고 세련된 분위기로 표현한다. XIA(김준수),
     〈돌고 돌아도〉, Tarantallegra, 2012, CJES Entertainment.

는다, 필승은 책갈피를 줍고 지혜의 뒷모습 빤히 쳐다본다. 잠시 음악 소리가 작아지면, 책갈피 보고 말한다.)

장필승 사람을 사랑하는 것보다 아름다운 건 없다? (크게 소리친다) 저기요!

(이어폰 때문에 필승의 말을 듣지 못하고 신호등을 지나 정차한 버스를 타려는 지혜. 필승, 뛰지만 신호등을 놓친다. 지혜 쪽을 우두커니 바라보면서 입을 뗀다.)

장필승 (한숨) 휴, 두 번짼데. 또 만나면 첫눈에 반했다고 말하고 싶었는데….
이지혜 다시 만나면 첫눈에 반했다고 고백하고 싶었는데….

(무대 곳곳에 노래 〈돌고 돌아도〉의 아웃트로(Outro)가 감동적으로 울려 퍼지는 순간, 빔프로젝터에는 심장에 뿌리, 줄기, 꽃이 아름답게 피어나는 영상 효과가 나타난다. 따뜻한 멜로디와 강렬한 선율이 함께 어울리며 심장의 모양이 마치 사랑처럼 신비롭게 보인다. 무대 조명이 점점 어두워지면, 막이 내린다.)

"사람들을 사랑하는 것보다 더 진정으로
예술적인 것은 없다."

♡

"I feel that there is nothing more truly artistic
than to love people."

저자가 이 작품을 쓰게 된 동기는 네덜란드 화가였던 빈센트 반 고흐(Vincent van Gogh, 1853~1890)의 명언에서 영감을 받았습니다. 그의 말에는 사랑의 감정이 예술의 창조적 원천과 깊은 관련이 있고, 사랑 없이는 진정한 예술이 존재할 수 없다는 믿음이 담겨 있습니다. 그의 통찰력은 저자에게 사람과 사랑의 복잡한 관계를 탐구하는 원동력이 되었고, 작품의 주제를 형성하는 데 중요한 역할을 했습니다.

매일 같이 사랑을 주제로 한 수많은 건축, 국악, 만화(애니메이션), 무용, 문학, 뮤지컬, 미술(일반미술·전통미술·공예·디자인), 사진, 연극, 연예(방송·드라마), 영화,

음악(일반음악·대중음악) 등의 다양한 예술작품이 소개되고 있습니다. 이러한 사랑 이야기 속에 숨겨진 뜻과 특징을 이해하다 보니, 사랑에도 모양이 있지 않을까 하는 의문이 문득 들었습니다. 그리고 그 모양이 무엇이든 어떠하든, 그 본질에는 아름다움이 있다고 생각했습니다.

사랑의 방식과 유형은 각기 다르므로 사랑에 대한 완전한 답은 이 세상에 존재하지 않습니다. 그러나 진실한 사랑은 아름다운 열매를 맺고, 올바르지 못한 사랑은 결국 파멸에 이르는 해답만은 분명하다고 할 수 있습니다. 이 작품에서 지혜, 필승, 수란이 바라는 사랑은 모두 우리의 모습과 유사하며, 그들이 곧 우리이기도 합니다. 사랑은 단순하게 하나의 언어로 정의하기 어려운, 인간 경험의 가장 깊고 복잡한 것이기에 그 자체로도 충분히 예술적이고 진정한 의미가 있다고, 그것이 '사랑의 모양'이라고 목소리 내고 싶었습니다.

이 작품을 통해 여러분의 옛사랑을 추억하고 지금의 사랑을 기억하고, 앞으로 다가올 사랑을 기약하며 각자의 삶 속에서 그 사랑을 아름다운 모양으로 소중히 간직하며 살아가시길 바랍니다.

◆ 참고 문헌

1. 번역본

승현준, 신영규 옮김,『커넥톰, 뇌의 지도』, 경기: 김영사, 2014.

American Psychiatric Association(APA), 권준수 옮김,『DSM-5-TR 간편 정신질환진단통계편람』, 서울: 학지사, 2024.

Bogousslavsky, J., & Boller, F., 이대희 옮김,『천재 예술가들의 신경질환』, 경기: 아름다운사람들, 2010.

2. 외국서

Metcalfe, J., & Shimamura, Arthur P., *Metacognition: Knowing about Knowing,* United States of America: Bradford Books, 1996.

Watagodakumbura, C., *Programming the Brain: Educational Neuroscience Perspective: Pedagogical Practices and Study Skills for Enhanced Learning and Metacognition,* United States of America: Independent, 2020.

3. 영화

Chomet, S., 〈마담 프루스트의 비밀정원〉, 찬란, 2014.

4. 국내음악

영탁, 〈찐이야〉, 내일은 미스터트롯 결승전 베스트, 2020.

허각 & 지아, 〈I Need You〉, I Need You, 2012.

G-DRAGON, 〈삐딱하게(Crooked)〉, 쿠데타(COUP D'ETAT), 2013.

XIA(김준수), 〈돌고 돌아도〉, Tarantallegra, 2012.

ZICO, 〈아무노래〉, 아무노래, 2020.

5. 국외음악

Fain, T., & Wang, P.-Y., 〈Bolcom: Graceful Ghost Rag〉, Cheerful Violin & Piano, 2020.

Kidd, C., 〈When I Dream〉, All My Tomorrows, 1985.

MIKA, 〈Happy Ending(Orchestra Version)〉, No Place In Heaven(Special Edition), 2015.

Presley, E., 〈Can't Help Falling in Love〉, Blue Hawaii, 1961.

Rachmaninoff, S., 〈Piano Concerto No. 2 in c minor Op. 18〉, Rhapsody on a Theme of Paganini, 1901.

사랑의 모양

초판 1쇄 발행 2025년 2월 24일

지은이   황소연
펴낸이   이기봉
편집   좋은땅 편집팀
펴낸곳   도서출판 좋은땅
주소   서울특별시 마포구 양화로12길 26 지월드빌딩 (서교동 395-7)
전화   02)374-8616~7
팩스   02)374-8614
이메일   gworldbook@naver.com
홈페이지   www.g-world.co.kr

ISBN   979-11-388-3976-1 (03680)